受益一生的
理财计划

罗宇/编著

经济管理出版社
ECONOMY & MANAGEMENT PUBLISHING HOUSE

图书在版编目（CIP）数据

受益一生的理财计划/罗宇编著. —北京：经济管理出版社，2012.10
ISBN 978-7-5096-2094-6

Ⅰ.①受…　Ⅱ.①罗…　Ⅲ.①私人投资—基本知识　Ⅳ.①F830.59

中国版本图书馆 CIP 数据核字（2012）第 204936 号

组稿编辑：勇　生
责任编辑：勇　生　王　聪
责任印制：杨国强
责任校对：超　凡

出版发行：经济管理出版社（北京市海淀区北蜂窝 8 号中雅大厦 11 层　100038）
网　　　址：www. E-mp. com. cn
电　　　话：（010）51915602
印　　　刷：三河市海波印务有限公司
经　　　销：新华书店
开　　　本：720mm×1000mm/16
印　　　张：15
字　　　数：187 千字
版　　　次：2013 年 1 月第 1 版　　2013 年 1 月第 1 次印刷
书　　　号：ISBN 978-7-5096-2094-6
定　　　价：32.00 元

前　言
从 1 万元变成 100 万元到用 1 万元
保住 100 万元

　　理财，这是一件大多数人都知道却只有少数人在做的事。究其原因，很多人觉得理财是一件很复杂的事，摸不清其中的门道。

　　其原因为，一是较西方人而言，大多数中国人从小没有受过理财的启蒙教育，在学校也没有受过系统的财经知识教育；二是理财产品的种类繁多，包括银行产品、证券、基金、期货、外汇、黄金、房地产等。目前国内银行产品有几百种，证券产品不下 100 种，期货产品数十个，还有黄金理财产品、数目众多的基金产品以及外汇产品等，给人"乱花渐欲迷人眼"之感，投资者常常不知该如何选择。

　　可以毫不夸张地说，就是财经专家，也无法对每项产品都熟练掌握，何况是才刚刚奔小康的中国普通百姓！

　　而笔者编写这本《受益一生的理财计划》的初衷，就是为读者带去系统的理财专业知识，树立正确的理财观念，搭建一个正确、系统、全面的理财分析框架，从而在金融投资实践中做到"运用之妙，存乎于心"。

　　目前，关于理财方面的著作通常都是指导人们如何通过理财快速赚取更多的收益，如让 10 万元轻松变成 100 万元、三天就会的理财诀窍、保赚不赔的理财通道等，脱离了普通人的财富现实，既不实际，也不实用；而本书刻意规避了晦涩难懂的说教，更没有苍白空洞的理论，是笔者根据实际经验编写的，集实用性和操作性于一体的个人投资理财指南。

本书以解决百姓经常遇到的理财困惑为主线，从现实生活的实际情况出发，为大家提供解决方案。由于每个家庭的财务状况都不尽相同，所以，我们给出一个中等家庭一生的投资方向比重图（见图0-1），以供大家参考。此图对股票、基金、银行业务、债券、保险和收藏品等一系列理财方式按所占投资比重做了深度的解析，帮助读者清楚梳理种类繁多的理财产品，明白哪种投资产品该投入多少钱比较适宜。

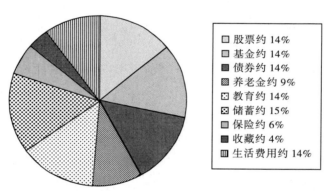

图0-1　资产建议投资比重图（以中等收入家庭为参考）

本书着眼于让数字说话，简单明了。书中的投资比重数据和方法涵盖了一个人一生最主要的理财方向，着力于构建高明的理财思维。当然，笔者也没有忘记理财最重要的前提：评估风险、规避风险，以帮助读者无论在何种金融形势下都能做出明智的投资判断，让理财更理性、更安全。

我们辛辛苦苦地研究理财，分析理财，到底能通过理财达到什么目的？

目的有两个：一是把手中的1万元变成100万元；二是用手中的1万元保住100万元。

第一，如何把1万元变成100万元？

假设利用这 1 万元做本金投资股票，时间为一年，保证每天参与交易，除去手续费，最后按获利 2% 来计算。

第 1 个星期（5 天）财富增值情况如下：

第 1 天本金 10000 元 × 1.02 = 10200 元。

第 2 天本金 10200 元 × 1.02 = 10404 元。

第 3 天本金 10404 元 × 1.02 = 10612 元。

第 4 天本金 10612 元 × 1.02 = 10824 元。

第 5 天本金 10824 元 × 1.02 = 11040 元。

1 个星期增值了 10.40%！

1 个月有 4 个星期多 2~3 天，除去节假日休市，按四个星期计算，那么第一个月财富增值了多少？

第 1 个星期本金增值后为 11040 元。

第 2 个星期本金 11040 元 × 1.104 = 12188 元。

第 3 个星期本金 12188 元 × 1.104 = 13455 元。

第 4 个星期本金 13455 元 × 1.104 = 14854 元。

一个月财富增值了：（14854 − 10000）÷ 10000 × 100% = 48.54%！

一年（12 个月）财富增值情况：

第 1 个月本金增值后为 14854 元。

第 2 个月本金 14854 元 × 1.4854 = 22064 元。

第 3 个月本金 22064 元 × 1.4854 = 32773 元。

第 4 个月本金 32773 元 × 1.4854 = 48681 元。

第 5 个月本金 48681 元 × 1.4854 = 72310 元。

第 6 个月本金 72310 元 × 1.4854 = 107409 元。

第 7 个月本金 107409 元 × 1.4854 = 159545 元。

第 8 个月本金 159545 元 × 1.4854 = 236988 元。

第 9 个月本金 236988 元 × 1.4854 = 352022 元。

第 10 个月本金 352022 元 × 1.4854 = 522893 元。

第 11 个月本金 522893 元 × 1.4854 = 776705 元。

第 12 个月本金 776705 元 × 1.4854 = 1153717 元。

从这组越来越庞大的数字不难看出，这一年下来资金竟然放大了 115 倍！

当然这些都是理想化的数字，但哪怕我们按获利 1% 的要求，一年后也可以把资金放大 10 倍！

跟股票同样能起到增值效果的，还有相对稳妥的基金、债券、储蓄、保险、收藏品等多种投资工具，本书对这些都做了详细的投资指导，供你做出选择。

第二，如何用你手中的 1 万元保住 100 万元？

假设一个 3 口之家仅有 1 万元存款，家底这样薄如何理财？看看下面这个案例：

郭先生 48 岁，在一家建筑公司任经理，年收入 15 万元；张太太 47 岁，自从生下小孩后再没有工作；两人育有一子，11 岁。目前家庭仅有存款 1 万元，贷款尚未还清的商品房一套，购买时价值 40 万元，现已升值到 70 万元。每年家庭日常生活开支及孩子的教育费为 9 万元、房贷还款 4 万元。郭先生为自己投保了 75 万元终身寿险一份，年保费 1 万元。两家老人均自有住房及医疗、养老保障。目前张太太有一个年收入 5 万元的工作机会，扣除可能增加的相应支出后，预计结余 4 万元，正犹豫是否接受新工作。

郭先生的理财目标是：告别 1 万元存款窘境；考虑是否利用房产增加家庭收入；为孩子读大学和研究生准备 10 万元教育金；打算 60 岁退休后，保持现在每月 4000 元的较高生活标准。

本书正好能满足这类人群的需求，从家庭理财规划的角度，根据孩子的教育规划、老人的养老规划、家庭的保险规划，提出一些拿来就能用的方法，而且书中穿插了大量真实生动的案例，对解决这类人群的理财问题极具借鉴意义。

如果你也遇到和他们同样的问题，不知道财富如何增值，不知道如何保住已有的财富，那么请翻开这本《受益一生的理财计划》吧，相信这本书将彻底改变你的财富积累方式，让你和你的家人更充分享受财富带来的自由和从容，实现更高远的梦想！

本书的出版要特别感谢晋静、李勇军、朱志红、张彦辉、刘清学、张浩、杜鹏、张福代、李蕾、赵山林等人提供的意见和帮助！

目录

第一部分　小心经济盗贼偷光你的财富人生

——你不理财，财不理你 / 001

| 第一章 | 现代家庭理财的两个误区 / 003 |

理财 = 投资 / 003

随大溜，盲目跟风 / 005

| 第二章 | 从 100 万元到负 100 万元，距离并不遥远 / 007 |

财富榜上的亚健康 / 007

理财要趁早，不做"负翁" / 012

通货膨胀是财富日减的"帮凶" / 015

"守财奴"时代早已过去 / 019

| 第三章 | 拥有湿雪，还要有长坡滚雪球现象的反思 / 023 |

你现在的投资合理吗 / 027

小心债务危机 / 030

寻找财富的规律 / 035

第二部分　最适合的理财方式
——打造你的理财金字塔 / 041

第四章　14%股票——充满诱惑的华丽探险 / 043
股票，冒险中寻求刺激 / 043

炒股的成功始于选股 / 046

财务报表反映上市公司体质是否健康 / 049

盯住止损，不考虑利润就是措施 / 053

长期持股而非朝三暮四 / 056

安德烈·科斯托兰尼的"十律"与"十戒" / 060

第五章　14%基金——怎样让钱为你工作 / 065
为什么选择投资基金 / 065

选基金就要先了解基金 / 069

应该怎样挑选基金 / 072

基金申购和赎回技巧 / 075

基金投资组合的选择 / 079

人生各阶段的基金组合 / 083

第六章　14%债券——收益与风险结伴而行 / 089
对比其他理财工具给债券"发奖" / 089

投资者如何参与债市 / 092

收益与风险结伴而行 / 098

炒活债券三部曲 / 102

第七章　9%养老金——人退休了钱不退休 / 107
早想早准备，安度金色晚年 / 107

退休规划的步骤 / 111

做一份完美的退休规划书 / 115

我国的社会保障体系 / 119

▌第八章　**4%收藏品投资：笑纳百金 /123**

走进收藏品市场 / 123

古瓷投资 / 127

玉石投资 / 131

邮票投资 / 136

书画艺术品投资 / 140

▌第九章　**14%教育投资——理财规划从"零"开始 /145**

教育投资越早越好 / 145

教育储蓄：孩子一个最好的避风港 / 149

藏在零用钱里的理财教育 / 152

培养孩子的理财意识 / 155

巧妙提升孩子的财商 / 159

▌第十章　**15%储蓄——富人幸福的定海神针 /163**

选择储蓄方式的小窍门 / 163

巧妙使用好两种卡——储蓄卡和信用卡 / 166

用好信用卡也可以赚钱 / 169

储蓄不是致富之道，但也有技巧 / 171

储蓄生息三大"法宝" / 175

一定要有储蓄目标 / 177

规避储蓄坏习惯 / 180

▌第十一章　**6%保险——让你的一生努力不至于归零 /183**

这个世界你能依靠的六张保单 / 183

保险与保险公司的选择方法和原则 / 186

选择、巧用保险缴费期 / 189

融资新世界，保单可以变现钱 / 191

第三部分　　从年轻富到老
——一生的理财规划 / 195

第十二章　与财富做一辈子的情人 / 197

撷取钱赚钱的复利方法 / 197

合理投资自己 / 201

第十三章　理财改变家庭 / 207

养成理财的好习惯 / 207

规避家庭投资风险 / 210

"80后"新婚族理财宝典 / 215

新时代女性的理财胜经 / 218

参考文献 / 225

第一部分 小心经济盗贼偷光你的财富人生

——你不理财，财不理你

一个人从贫穷到富裕可能需要一生的时间，而从富裕到贫穷或许只需要一瞬间。对于已经积累了一定财富的人而言，金钱只认得金钱，小心经济盗贼，永远不要失掉本金。

行为等同于理财，而应将理财看做一个系统、一个过程，通过这个系统和过程，使人生达到财务自由的境界。

在国外，理财师的工作主要是根据客户的收入、资产、负债等数据，在充分考虑其风险承受能力的前提下，按照设定的目标进行生活方案的设计并帮助实施，以达到创造财富、保存财富、转移财富的目的。理财师首先必须了解客户的生活目标和真实的详细信息（包括家庭成员、收支情况、各类资产负债情况等）；其次对信息进行客观分析，一般会重点分析其资产负债、现金流量等财务情况以及对未来生活情况进行预测，经过严密的分析后，理财师会为客户制定理财策划书，并帮助客户实施计划。在这过程中，还需要不断地与客户沟通，定期修正理财方案的内容并进行跟踪服务。因此，在追求投资收益的同时，理财更注重客户的人生规划、税务规划、风险管理规划等一系列的人生整体规划。

与投资相比，基本的理财会有三个步骤：

第一步，设定财富的目标。如果没有一个合理的目标设定，一切的投资都是盲从的。我们首先把目标分为短期、中期和长期目标，比如短期目标是还银行账单、缴纳保险费等；中期目标是买房、买车、子女的教育费用等；长期目标是父母赡养、进行创业、攒够足够的退休费等。你必须有非常明确的目标设定——到底有多少计划要去实施，优先等级是什么，预期的时间是什么，预计的费用是多少，这个钱放在什么地方，应该运用什么样的工具？这些问题都需要搞清楚。

提示：投资不需要设定财富目标。

第二步，建立保障体系。建立更完善的保障体系，购买保险是非常重要的。我们常听到一句话："股市有风险，入市需谨慎。"其实，这指的是市场的风险，而理财应对的风险则是人生风险。从现在到未来，我们所有的生活费、子女教育费、住房贷款，合计起来，几十年来总的支出可能有几百万元，当我们自己面临人生风险的时候，整个家庭可以获得的收入可能就会大幅减少，如果保障体系有缺口，唯一能帮助我们的就是保险额度。从投资角度来说，建立完善的保障体系是理财规划当中至关重要的一步，这样你的投资才能是合理的、有效的、没有风险的。

提示：投资面对的是市场风险，理财面对的是人生风险。

第三步，从理财的角度来讲，投资是放在保障之后的。在股市爆涨的时候，很多人心态非常浮躁，拼命想一夜暴富。我们要坚持长期投资，相信复利的力量，不妄想一夜暴富，长期投资可以降低风险。当然，投资还需要做一些准备，但是不投资更有风险。正确的理念和专业的知识都是非常重要的，为了避免错误地运作，我们可以交给专业的机构和专家。

提示：投资放在保障之后。

随大溜，盲目跟风

2007~2008 年股市的赚钱效应使得不少百姓对"快速致富"望眼欲穿，证券公司增加了不少老年客户，这些老年客户可能把所有的养老金都投资于股市，而不理会风险。随着理财新品的不断推出，类似一哄而上的现象也屡见不鲜。

66 岁的黄大爷，目前其家庭主要资产包括：4 万元即将到期的银行定期储蓄，1 万元五年期凭证式国债。现在，黄大爷每月领取 1000 元的养老保险金，儿女均已成家立业，不用负担，所以他的最大愿望是实现家庭资产的增值，为他和一直没有工作的老伴提供生活保障，提高老两口的晚年生活质量。于是他们想到把房子抵押出去买风险与收益较高的股票型基金。

黄大爷的想法其实很简单："基金的年收益能达到 20%，而房子抵押 2~3 年的银行贷款利率只有 5.49%，这样一计算买 40 万元基金，年收益可以达到 14.51%，两三年挣个十几万元还不容易。"

这种把房屋抵押出去购买基金的方法其实很危险，不要说老年人，就是年轻人也不能这样"意气用事"。虽然 2010 年几只股票型基金的年收益超过 20%，但高收益伴随着高风险，未来基金的收益谁来保证？何况，拿房子作抵押贷款买基金是短线持有，一旦出现基金形势不好被套牢的现象，哪怕不是血本无归，两老的晚年生活也必定深受影响。

理财专家建议，老年也是家庭理财的重要阶段，安排得好，会令晚年生活增色生辉；安排得不好，就会直接影响晚年幸福。黄大爷可以用到期后的 4 万元存款，按照收益性和稳妥性的原则，买些货币型基金，或者买些两年期电子记账凭证式国债，年收益在 2.4%（2010 年数据）。持有 1 万元凭证式国债的同时，利用银行新推出的"银证通"业务购买记账式国债，目前记账式国债到期年收益多数在 3.5% 以上，其投资价值一般高于储蓄和凭证式国债。

人的一生可以分为不同的阶段，在每个阶段中，收入、支出、风险承受能力与理财目标各不相同，理财的侧重点也应不同。因此，我们需要确定自己阶段性的生活与投资目标，时刻审视自己的资产分配状况及风险承受能力，不断调整资产配置、选择相应的投资品种与投资比例。

一般而言，家庭资产应有一个合理的配置。目前对城市家庭而言，家庭资产主要以金融资产、房产和汽车为主，金融资产又在存款、保险、基金、债券、股票等产品中进行分配。由于这些投资产品的风险性、收益性不同，因此进行理财时，不同的年龄必须考虑投资组合的比例。比如一个 25 岁的年轻人，理财师一般会建议这种组合：不动产占 10%，现金占 5%，债券占 20%，股票占 65%。年轻的投资者，风险大的投资产品如股票可以多一点，但随着年龄增加，高风险投资产品的投资比例应逐渐减少。

第二章 从 100 万元到负 100 万元，距离并不遥远

财富榜上的亚健康

从 100 万元到负 100 万元的距离并不遥远，一旦你的财富出现亚健康，一夜之间就可能让你从百万富翁变成"百万负翁"。

财富亚健康是指人们的财富虽然没有出现危机，达到入不敷出或资不抵债的状态，但在理财手段和方法中已经有了危害因子或危险因素。这些危害因子或危险因素，就像是埋伏在财富中的定时炸弹，随时可能因为市场环境等因素而把你辛苦赚得的财富炸个灰飞烟灭。

一、财富亚健康的"六大症状"及对策

招商银行公布的一份报告指出，中国城市居民的财富亚健康普遍存在，主

要体现为以下六大"症状"。

（1）家庭保障不足。根据调查，45.4%的受访者保障资金占比低于家庭资产的10%。超过15%的家庭保障充裕，基本为高收入人群，由于风险防范意识强或者出于保证退休后生活水平、做好资产规划等考虑，而增加家庭保障资金的比重。

对策：中低收入水平家庭要提高保障，除了参与社保和医保这些公共保障计划之外，应在寿险方面加大投入。类似家庭可以为经济收入主要来源者购买消费型寿险，比如定期寿险。这种消费型保险与返还型寿险相比，保费低保障高。一旦家庭支柱发生意外丧失劳动力，保额能为家庭维持正常生活水平。

（2）收入来源形式单一，财务自由度过低。有70%的调查人群属于收入单一群体。此种亚健康状态是隐性的，该群体在工作稳定时不会有所影响，但是一旦发生特殊状况，收入中断，其个人和家庭都可能会因为没有资金来源陷入瘫痪状态。

对策：这部分人群的工资在支付家庭消费后通常所剩不多，而他们可能没有时间或者没有经验来打理结余资金。除了进行定期储蓄计划外，建议大家找一个理财顾问，了解未来可能出现的财务缺口，再进行投资计划。投资的品种既要具有长期性，也要富有弹性，以应对各种意外支出。

（3）盈余状况不佳。调查显示，有33%的人结余比例低于10%，而消费比例高于60%的人有46%之多。其中，盈余状况不佳的主要为年轻人群（20~30岁），其他年龄层次则较少出现此种状况。

对策："月光族"第一步是养成储蓄的习惯。建议这些人将每月工资的10%进行定期储蓄或者定投基金，同时适当控制消费。

（4）资产流动性过低或过高。受访者中流动性比率过大的约占38%；过于不足的占37.9%，而反映个人财富总体流动性的负债比率（流动资产/负债总额）也大体呈现同样分布。

对策：以维持自己 6 个月生活支出的资金作为流动资金，其他资金可根据需求进行投资。流动性比较低的人在不动产方面可能投资过多。比如一些拥有三套房甚至更多的投资者，如果其账上现金流很少，建议其在适当时候卖出一套房进行套现。因为房子买卖比较耗时耗精力，等到他们需要现金时再套现，未必能及时找到合适的买家。

（5）净投资资产与净资产比值不合理，投资目标不明确。受访者中该比例处于合适值域的仅占 34%，甚至有 43% 的人群该比例不足 10%。该比例在 50% 左右为理想指标，过低很难达到资产增值目的，缩减理财目标达成所花费的时间，而该比例过高则容易带来过大风险。

对策：留足 6 个月的生活资金作为现金流。然后在投资之前明确目标，如以养老为目的，则投资稳健低风险的长期理财产品；以子女教育为目的，投资品种风险收益可以先高后低，因为子女教育大笔支出主要是大学费用而且时间具有确定性，越临近子女上大学之际，投资品种越要低风险且赎回也要富有弹性；如对现有生活水平感到满足，这部分人就不应为投资支付过多额外风险。因此投资过多高风险品种的投资者要适当降低投资比例，维持在稳健收益水平即可。

（6）负债比率过高。接近 30% 的受访者家庭负债比率高于 40%，高负债比率无疑会让他们的生活质量严重下降。更可怕的是，遭遇金融危机有可能减少家庭收入，影响还债，被加收罚息直至被银行冻结或收回抵押房产。

对策：这部分人群多背负了房贷。建议先回顾自己的历史支出，确定家庭必要支出是多少。然后再根据自己的收入水平，选择合适的房贷产品。如事业刚刚起步，收入不高的家庭可以选择初期还贷少的产品。

二、"五大族群"易患财富亚健康

（1）穷忙族——工作繁忙，有空赚钱，没空理财。这部分人既要自己赚钱，同时也要学会让钱生钱。在此基础上做好保险规划、退休规划，为自己打造现在、将来的全方位保障。

（2）月光族——每月工资消费殆尽，毫无理财意识。不良消费与生活习惯导致部分收入不菲的年轻人成为"月光族"，因此，这部分人建立理财习惯需要从改变生活习惯开始。比如强制储蓄，从每月的收入中固定拿出一部分进行基金定投。

（3）存钱族——赚钱存银行，认为存钱即安全理财，理财观念消极。财富积累是为了更好地生活，从本质上讲，金钱只是工具，是为了个人生活消费目标的实现。对于只有存钱兴趣，没有消费目标的人而言，培养消费目标，改善理财手段以期提高生活质量才是首要的目标。

（4）好高族——把理财等同于投资、追求高回报，不顾高风险。这部分人热衷于投资，但对于投资的风险却没有清醒的认识。即使某些时候赚到钱，也未必能保住利润，因此，这些人首先需要改变投资目标。

（5）抵触族——本身获取信息渠道狭窄，缺乏理财知识和方法，又不信任银行专业理财师。理财与通过事业赚钱一样重要，创业难，守成更难，这需要具备另外一个领域的知识与经验。以这部分人的资金实力，完全可以成为银行的私人银行客户，通过私人银行的服务，将会迅速弥补理财技能与经验的不足。

三、健康理财，关注 3 张表 7 张保单

如果财富已经出现亚健康，那么家庭理财如何调整呢？招商银行南京分行

财富管理中心的专家为这些家庭开出了一剂药方：建立 3 张表关注 7 张保单。

3 张表就是家庭收支表、资产负债表和理财目标清单。对前两张表做到胸中有数，就可以了解家庭的收支和负债情况，了解家庭的现金流是否正常，从而合理地量入为出。而制定合理的理财目标清单，就是对今后的理财计划做个合理规划，如计划在何时购买一辆总价 10 万元的轿车，用怎样的储蓄和投资手段可以达到这个目标。

7 张保险单是意外险保单、大病医疗保单、养老保单、家庭支柱的人寿保单、子女的教育及意外、子女的医疗保单、避税保单。理财专家提醒大家尤其要注意的是，家庭保险的重心一定要放在家庭顶梁柱身上，即家庭收入最高者身上，而不是孩子。因为如果家庭支柱遭受意外，对家庭的幸福和经济都是巨大的打击，而第一张意外险的受益人也应当是父母，这也是为了在万一发生不幸时给辛勤养育自己的父母一个回报。对于家庭投保金额，理财专家建议可以遵循"双十法则"，即保障金额 = 家庭年收入 10 倍；保费支出 = 家庭年收入 10%。

财务目标一般随着年龄增加而发生变化，它们好似人生财富规划的红绿灯。30 岁是黄灯，这个阶段开销计划日益增长，并且面临消费透支以及债务偿还，因此，这个阶段可支配收入，制订强制储蓄计划，稳定月度现金流计划；40 岁是红灯，这个阶段开销计划趋于稳定，但是，家庭财务和家庭保障风险责任日益增加，因此必须进行风险转移，稳健家庭财务保障计划；50 岁是绿灯，这个阶段收入锐减，着手准备养老计划，活得长寿又有品质，因此要专注养老健康规划、财务自由计划。

理财要趁早，不做"负翁"

张爱玲说："出名要趁早。"理财也是如此。理财观念是一生一世的事，从三岁顽童，到耄耋老年，只要有收入就应该尝试理财。科学理财不但能使家庭增强抵御意外风险的能力，也能使个人生活质量更高。如果我们在年轻的时候就开始做理财计划，那岂不是可以更早地享受生活？

假如在孩子刚出生时，每年给孩子进行 1 万元的理财投资，到 15 岁时停止，那孩子到 60 岁退休时将达到约 800 多万元；如果从 15 岁开始每年投资 1 万元，直到 60 岁，却也只能拥有 300 多万元。

传说，巴比伦有位瓷砖雕刻师，叫阿卡德。一天，一位富人欧格尼向他预订一块瓷砖，要求刻上法律条文。阿卡德告诉他愿意连夜赶制，天亮就可以完工，但有一个附加条件——请欧格尼告诉他致富的秘诀。

欧格尼欣然同意。天亮时，阿卡德交上了刻好的瓷砖，欧格尼如约说出了他的秘诀："富有的秘诀是：在赚的钱里，一定要存下一部分。财富的增长就像树的成长，最先是一个很小的种子在发芽。第一笔存下的钱就是财富成长的种子，一开始不管赚多赚少，总得存下 1/10 的钱来。"

10 年之后，阿卡德成了巴比伦最富有的人，很多人向他请教致富之道。阿卡德自信地说，他只是一丝不苟地按欧格尼的方法去做了。

这个故事说明，理财的前提条件不是大量财富，而是尽早开始，不放弃任何微小的财富。李嘉诚说："人生的第一个 100 万元最难赚。"因为赚第一个 100 万元，也是人们了解理财、累积教训的过程。要知道当你只有 1 万元时，赔 50%也只损失 5000 元，而有了 100 万元再学习理财，同样再赔 50%代价可就是 100 倍了。人们越早学习理财，付出的代价就越小。

我们来看袁先生夫妇的故事：

袁先生和爱人都是 40 岁左右，衣食无忧，除了两人的工资以外还有着一份不菲的收入。

刚结婚的时候，尽管父母早已给他俩安排了一套 70 多平方米的房子，但他们还是打算自己再另外买一套房。

当时夫妻俩手头有二十几万元的存款。两人尽财力所能买了一套三居的房子，2800 元/m²，没有用贷款，房子简单装修后租了出去。在随后的几年，夫妇俩则把所有的工资收入进行了投资，放在基金等理财产品项目中。

没过几年，他的这套房子已经升值了一倍多，相当于当年的市中心房价。

从袁先生的经历可以看出，越早理财，越早受益，也就离财务自由的时间越近。

相反地，袁先生有个朋友，10 年前也属于比较富裕的人，曾经嘲笑袁先生蚂蚁搬家般的精打细算，认为那样挣不了多少钱。10 多年后的今天，即使袁先生不工作，也有房子出租的收益，有基金、股票、黄金投资的收益，已超过自己很大一截，他再也没心思嘲笑袁先生，反而羡慕起袁先生的生活状态了。

可见，富有并不是永久的。

在大众眼里，体育明星和演艺明星都是住豪宅、开名车的富豪一族，而泰森为什么会陷入财务危机呢？奢华糜烂、挥霍无度的生活，入不敷出的消费，是其迅速破产的重要原因。最重要的是，不会理财使他的生活真正陷入窘境。

说到底，泰森破产完全是咎由自取。除去他那些龌龊官司所耗费的上千万美元的律师费以及付给前妻的赡养费外，平时出手太阔绰，也是他迅速败光几亿美元家产的主要原因。他的别墅卫生间就有38个，还买过十几辆跑车，一年时间里手机费就超过23万美元，生日宴会则花了41万美元。有时甚至动辄有几万、十几万美元的巨额花费，连自己都弄不明白去处。如此花销，就是金山也会被挖空的。

虽然从1998年起，泰森已经承担了巨大的债务压力，但习惯于信用消费的他还是在2002年12月22日选购了一条价值173706美元、镶有80克拉钻石的金链。奢侈消费的习惯让他入不敷出，即使是在申请破产保护后，他的律师也并不是很清楚他的资产与负债现状，大量的、名目繁多的债务使得泰森资不抵债。

一个亿万富翁，最终因为挥霍无度而变成了"负翁"。

尽早理财就是告诉你用更理性的态度对待生活。说到用更理性的态度去对待生活，我们看看尽早理财究竟有多大效力：

假定哈佛大学的4年学费总额是120万元人民币，如果从孩子刚出生就开始做规划，孩子18年以后念哈佛，假定你投资在年收益率12%的金融产品上，每个月只存1583元钱就够了。如果等孩子6岁的时候才开始做，同样的收益率，每个月需要存3761元。如果等他12岁的时候再开始投资理财的话，那么你每个月要存11460元。

理财越早，达到目标的成本与风险就会越低。时间就是金钱！同样的资金5年前和5年后的投资回报就有很大不同，早理财早受益。

假如，人生不同阶段，每月都投资100元，如果以10%的回报率，当你60岁时，获得的财富如下：

20 岁开始投资，你会拥有 63 万元。

30 岁开始投资，你会拥有 20 万元。

40 岁开始投资，你只能拥有 7.5 万元。

50 岁开始投资，你仅仅能拥有 2 万元。

数据最有说服力，不妨早点动手，让有限的本金尽快升值，等到以后也成了百万富翁，您就明白了早理财有多重要。

通货膨胀是财富日减的"帮凶"

有一位养猪能手，1985 年，他把一头 250 公斤的猪卖掉，每公斤卖 2 元钱，获得了 500 元的收入——这在当时是一笔不小的钱。假设他既没把钱存进银行，也没把钱再投资于养猪，而是藏在家里，想留作日后养老之用。

到了 26 年以后的 2011 年，养猪能手把这笔钱拿出来却发现，自己辛辛苦苦攒下的 500 元，现在却只能买到 26 公斤猪肉（以中国食品科技网 2011 年 9 月 1 日公布各地平均批发价 19 元/公斤计算）。为什么当初 250 公斤的猪，现在只能换 26 公斤猪肉呢？是谁掠夺了我们的财富？

原因很简单，是通货膨胀的存在，让这笔钱变得不如原来值钱了。

"通货膨胀"已经成为当下中国经济最重要的关键词。面对节节攀升的消费者物价指数，大众的感觉是几多无奈和更多的生活艰辛。物价飞涨给人们的残酷感受绝不是"CPI 同比增加略高于 4.9%"这个官方公布的温和数字所能反映的。

民以食为天。与民生最为密切的食品类消费价格，才是最反映人们受通货膨胀之害程度的"痛苦指数"。自 2011 年以来，已经连续几个月食品类价格涨幅在 7%~8% 之上。10 月的监测数据显示，大城市主要蔬菜价格涨幅超过 10%，食用油价格也大幅提升；其余粮食、肉蛋奶无不小步快跑地继续加价。而天天去菜场、月月进粮油店的普通居民，早就发现 2011 年这些价格翻一番都不止了。

物价飞涨的另一面，就是恩格尔系数（食品消费占总支出比例，目前已达到 40% 的高位）反弹。为了优先满足吃饭这个第一需要，人们必须被迫压缩其他各个方面的开支。能够感受到的真实通货膨胀率，已经大大降低了他们的生活水平。

通过计算，这种现象就会看得更加清楚：以 1 元钱为例，假设每年的通货膨胀率分别为 1%、2%、3%、4%、5% 五种情况，30 年后，货币的购买力分别相当于现在的多少呢？通过计算，可以发现，30 年前的 1 元钱分别仅剩下相当于现在的 0.74 元、0.55 元、0.41 元、0.31 元、0.23 元的购买力。

假如一位 20 岁的年轻人，继承了一笔 100 万元的现金，他把这笔钱放在家中，什么也没做。假如以 5% 的通货膨胀率计算，等他 50 岁时，他手中这 100 万元的购买力仅相当于现在的 23 万元，而等他到了 70 岁的时候，这 100 万元的购买力则仅相当于现在的 8.7 万元。由此可见，通货膨胀对财富的侵蚀力是非常大的。

也许有人会说，通货膨胀并不是长期现象，而只是阶段性的。其实不然，根据伦敦商学院的统计，从 1900~1999 年这 100 年时间里，美国的年均通货膨胀率为 3.2%、英国的年均通货膨胀率为 4.1%、加拿大的年均通货膨胀率为 3.1%、澳大利亚的年均通货膨胀率为 4.0%、德国的年均通货膨胀率为 5.2%、瑞士的年均通货膨胀率为 2.2%、日本的年均通货膨胀率为 7.7%、印度的年均通货膨胀率为 9%……

从 100 年的历史跨度来看，没有一个国家能够处在零通货膨胀状态。假设中国的年均通货膨胀率为 5%，如果你什么都不做，你的财富将以每年 5% 左右的速度贬值，几十年后，你将会发现，你的命运不会比前面讲的养猪能手好多少。随着时间的流逝，通货膨胀就这样悄无声息地谋杀了你的财富。

印度曾经公布的一项全国性调查结果也显示，印度人偏爱把钱藏在家里。

这项调查名为"印度人是如何挣钱、消费和储蓄的"，由印度全国应用经济研究委员会和美国曼克斯纽约人寿保险公司联合进行。印度全国有 2.059 亿个家庭，这次调查抽取了 6 万多个家庭作为调查对象。这项大规模调查的主要目的是全面了解印度家庭的收入状况和理财观念。

调查结果显示，87% 的印度家庭不喜欢投资，而喜欢把钱攒起来。只有 2% 的家庭购买保险，而炒股的家庭更是少得可怜，只有 0.5% 的家庭投资股市。在基金、股票等各种投资项目中，家庭总投资额只占到印度所有家庭总收入的 3%。

根据这项调查结果，51% 的印度家庭把钱存在银行里，而 36% 的家庭则把钱存在自己家里。即使是有银行存款的家庭，人们在家里也存有很多钱，这部分人占到 45%，如果这样一算，至少有 81% 的家庭在家里藏着一笔钱。在家里藏钱的家庭不仅包括无地农民、小商小贩，还包括政府官员、大学教授、亿万富翁和影视明星。

在通货膨胀率飞涨的情况下，一个亿万富翁坚持将钱藏在家中，相信多年后，变成"负翁"也就不足为奇了。

个人辛苦积累的财富就这样在通货膨胀中被慢慢消耗，着实令人心痛不已。如何应对通货膨胀就成了老百姓最关心的问题。

通货膨胀是个人财富减少的"帮凶"，是个人财富增长的敌人，要想战胜这个敌人，一个比较好也比较实用的方法就是投资。只要你的投资收益率能战胜通货膨胀率，你的财富就能实现保值甚至增值了。生活中，你可以通过各种投资理财方式来抵消通货膨胀对财产的侵蚀，但需要针对不同的通货膨胀来考虑选择不同的投资理财工具。

不同时期可选择的投资策略：

1. 2%~5%的温和通货膨胀时

虽然出现了一些通货膨胀，但经济运行良好，一般是经济最健康的时期。这时候最好不要购买大量的生活用品或黄金，而应当将你的资金充分利用，分享经济增长的成果。

2. 当通货膨胀达到5%~10%的较高水平时

这时经济处于非常繁荣的阶段，常常是股市和房地产市场热情高涨的时候。虽然政府已经出台了一些调控手段，但这些调控手段往往被市场的热情所淹没。对于理性的投资者来说，应该是离开股市的时候了，此外，对房产的投资也要小心。

3. 在更高的通货膨胀的情况下

经济已经明显过热，政府必然会出台一些更加严厉的调控政策。经济软着陆的机会不大，会出现一段时间的衰退期。因此这时一定要离开股市。房产作为实物资产问题不大，甚至是对抗通货膨胀的武器，需要注意的是，不能炒房也不要贷款买房。这时候甚至不是投资房地产的好时机，手中用于投资的房产最好持减。这时，利率应当已经达到了高位，长期固定收益投资成为最佳选择，如长期债券和储蓄型的保险等，但企业债券要小心，其偿付能力很可能随着经济的衰退而减弱。

4. 当出现恶性通货膨胀时

最好的办法是多选择黄金、收藏品等保值物品，以减少损失。千万不要选择金融产品，因为在这时候任何金融资产都是垃圾，甚至连实物资产如房产、企业等都不能要。

所以，当通货膨胀来临前，选择好不同的投资方式也显得尤为重要。

"守财奴"时代早已过去

过去，长辈总是不断提醒我们，人生要有明确的生涯规划，包括我们要获得什么文凭，学习哪些技能，从事什么工作，获得什么社会地位，这样生活才会有目标以及奋斗的动力。但是，关于"金钱"这档事，除了老生常谈的"要节俭、不要乱花钱"外，还有谁会指点我们该怎么运用"金钱"呢？

"你不理财、财不理你"早就成为耳熟能详的口号，无论是财经媒体、理财专家还是广告宣传，我们无时无刻都被提醒理财的重要性，但是由于过去经验的局限，相信许多人仍然懵懵懂懂，不清楚怎样开始理财的第一步，甚至走上错误的方向难以掉头。

一、守财的时代已经过去了

有人抗议："不懂理财又怎样，父母不都这样过来了，难道我不可以如法炮制老一辈的经验？"不得不说的是，守财的时代已经过去了！今天的我们，随时可能遭遇失业、通货膨胀、金融危机等各种不可预测的状况。

如果你还感觉不到未来危机重重不妨听听警钟，明白自己处在什么境遇。

第一声警钟：全球经济堪忧

2007 年，世界经济在颠簸中度过不安的一年，次贷危机不仅给欧美大型金融机构带来重创，更为整个信贷和证券市场带来了信心危机。2008 年 1 月，欧元区年度消费者物价指数（CPI）预估值为 3.2%，刷新历史纪录最高点。从 2008 年开始，中国内地 CPI 更是连创新高，直到 2011 年，已经有工薪阶层连呼舍不得买猪肉，中产阶级也不得不压缩开支了。

第二声警钟：就业压力增大

2010 年，大学生就业缺口率再创新低。这意味着，大学毕业生就业压力还将继续增大。同时，上班族也明显感觉到工作竞争、工作压力越来越大，跳槽意愿屡创新低，谁也不敢在新工作找好之前就"潇洒辞一回"了。

第三声警钟：物价飙涨，薪资难涨

据国家统计局统计：2010 年全国平均 CPI（消费者物价指数）上涨 3.3%，PPI（工业品出厂价格指数）上涨 5.5%。其中，城市上涨 3.2%，农村上涨 3.6%。分类别看，食品上涨 7.2%，医疗保健和个人用品上涨 3.2%，居住上涨 4.5%，家庭设备用品及维修服务持平。工业品出厂价格指数方面，原材料、燃料、动力购进价格同比上涨高达 9.6%。

而 2010 年全年城镇居民人均可支配收入比上年实际增长 12.2%；农村居民人均纯收入实际增长 9.5%。看上去相当高的工资涨幅，其实城乡居民能够得到的部分微乎其微，绝大部分都集中在高收入人群，正是应了"贫者越贫，富者越富"的马太效应。难怪许多上班族感叹日子越来越难过，薪水永远赶不上物价。

第四声警钟：社会老龄化加政府财政负担

如果一个国家 60 岁（含）以上的人口超过了 10%，或者 65 岁（含）以上的人口超过 7%，这个国家就进入了老龄化社会。我国在 2000 年刚刚超过这个线，2011 年，我国 60 岁及以上人口占 13.26%，其中 65 岁及以上人口占 8.87%，属于比较典型的老龄化社会。

虽然社会养老保险可以为老年人提供一定的养老保障，但社会的力量毕竟有限，更大的压力集中在政府财政上。

二、钱进银行，只会越来越少

日本的趋势专家大前研一在《M 型社会》中提出，"新经济"浪潮改变了经济社会结构，代表富裕与安定的中产阶级，目前正在快速消失，其中大部分向下沦为中下阶级，使各国人口的生活方式从倒 U 型转变为 M 型社会。

回想过去在倒 U 型社会中，理财等于存钱，人们习惯手头一有闲钱，就往邮局或银行账户里放，有时候连利率是多少都不太关心。

但在 M 型社会，储蓄虽然是累积资本的第一步骤，不过只会存钱的"守财奴"很快就会被打入中下阶级，因为通货膨胀侵蚀获利的速度比利率上涨的速度快得多，把钱存进银行，只会越来越少！

M 型社会的理财，应该是通过资产配置的风险控管效果，将资金分配在不同的工具中，以求最具效益的获利率，达成各阶段生涯规划。简单地说，随着可利用的金融工具越来越多（如基金、股票、债券），可选择的市场越来越广（如欧、美、日、新兴市场与中国股市），我们何必墨守利率总高不过 CPI 的定存，为什么不追求相对更多、更稳定的报酬率呢？

三、规划财富，达成梦想

增加财富有两种途径：一种是工作赚钱并努力储蓄，另一种就是理财。实际上，理财给家庭增加财富的重要性，远远大于单纯工作赚钱。

很多人都觉得钱少的时候不必理财，其实"理财"就是处理所有和钱相关的事，每天一出门，买东西、付信用卡账单、缴保费、到银行存提款等，这些都是理财活动之一。因此你无时无刻不在理财，只是理得好不好而已，有规划的理财方式，才可以帮助自己顺利地累积财富，达成梦想。

理财的步骤不外乎以下几个原则：设定目标积极储蓄、选择适合自己的理财方式并且持之以恒。举例来说，现年 30 岁的你预计在 30 年后退休，并备妥400 万元的退休金，若现在就开始每个月用 700 元进行投资，并将这 700 元投资在一种（或数种）年报酬率在 15%以上的投资工具，30 年后就能达到你的退休目标。

如果你能够再节省一点，每个月多储蓄 300 元，用 1000 元进行投资，同样将这 1000 元投资在一种（或数种）年报酬率在 15%以上的投资工具，30 年后，你就能储备近 600 万元的退休金，给自己创造更舒适的退休生活。

第三章 拥有湿雪，还要有长坡 滚雪球现象的反思

1939年冬，9岁的巴菲特在院子里玩雪。他把少量的积雪铲到一块，揉成一个雪球，然后把它放在地上慢慢滚动，雪球越滚越大……从此，巴菲特再也没有停下脚步，他一直都在试图寻找"很湿的雪"和"很长的坡"，而最终的事实证明他是正确的。巴菲特找到了足够长的坡和足够湿的雪，让他不但实现了孩提时的梦想，还将财富的雪球滚至无比巨大。

一、如何找到投资中的湿雪和长坡

巴菲特曾经说过："人生就像滚雪球，重要的是找到很湿的雪和很长的坡。"从投资的角度讲，湿雪指的是在合适的环境中投入能不断滚动增长的资金，比如被低估的股票；而长坡指的是能让资金有足够的时间滚大变强的企业，即企业的续存价值。那么，我们如何才能找到投资中的湿雪和长坡呢？

1. 寻找投资中的湿雪

成长股价值投资策略之父菲利普·费希尔认为保持销售增长率的能力、好的经营管理以及研发能力是优秀投资项目的重要特征，可以用来衡量股票的长期

潜力。他认为买进优良普通股有 15 个要点：

（1）这家公司的产品或服务有没有充分的市场潜力——至少几年内营业额能大幅成长。

（2）管理阶层是否决心开发新产品，在目前有吸引力的产品线成长潜力利用殆尽之际，进一步提升总销售潜力。

（3）和公司的规模相比，这家公司的研发努力，有多大的效果？

（4）公司有没有高人一等的销售组织？

（5）公司的利润率高不高？

（6）公司做了什么事，以维持或改善利润率？

（7）公司的劳资和人事关系好不好？

（8）公司的高层主管关系很好吗？

（9）公司管理阶层深度够吗？

（10）公司的成本分析和会计记录做得好吗？

（11）是不是有其他的经营层面，尤其是本行业较为独特的地方，投资人能得到重要的线索，知道这家公司相对于竞争同业，可能有多突出？

（12）公司有没有短期或长期的盈余展望？

（13）在可预见的将来，这家公司是否会因为成长而必须发行股票，以取得足够资金，使得发行在外的股票增加，从而使现有持股人的利益预期的成长大幅受损？

（14）管理阶层是否报喜不报忧？

（15）管理阶层的诚信正直态度是否毋庸置疑？

受费希尔的影响，巴菲特发现，投资者最终获得巨大成功的关键是"在一家具有长期竞争优势企业的市场价格比企业价值大打折扣时，买入其股份"。对他而言，以低估或合理的价格买入超级明星公司是投资真正走向成功的唯一机会。并根据"内在价值、账面价值和市场价格"来衡量一个企业是否被低估。也就是说，当你支付的价格远远低于其内在价值时，投资成功的概率将很大程度上获得提升。

2. 寻找投资中的长坡

至于长坡，巴菲特的黄金搭档查理·芒格的判断基础是"被投资公司继续生存的价值"。芒格希望不要以纯粹的财务数据条件定义股票的安全边际，他希望找到一家不用持续投资的企业，并且能吐出比它吃下去的还要多的资金。

有一次，芒格让他的助手安德森详细地把隐形眼镜护理药水制造商——爱力根公司的情况写下来。安德森写了一份格雷厄姆式的报告，着重关注该公司的资产负债表。芒格为此狠狠地批评了他，他需要的是有关这家公司无形资产方面的内容：它的经营管理水平，品牌的持久性，如果有公司想和它竞争需要些什么，等等。

"以一般的价格买入一家不同寻常的公司，比以不同寻常的价格买入一般的公司要好得多。芒格早就明白这一点，而我是个动作缓慢的学生。但如今，在买进公司时，我们会寻找有一流管理人员的一流企业。"巴菲特说道。

巴菲特将一家企业有别于其他企业的优势统称为"护城河"。他认为，一个真正伟大的公司必须要有"持久的护城河"来保护投资的可观回报。

例如，2008 年 9 月 27 日，巴菲特控股的中美能源公司斥资 2.30 亿美元买进了比亚迪 10%的股份。而比亚迪的最大亮点在于生产新能源汽车，但巴菲特之所以选择比亚迪，而不是别的制造商，原因在于"巴菲特看重的不是比亚迪财务报表上的那点资产，而是比亚迪拥有的 1 万名工程师和 13 万名操作工"，比亚迪总裁王传福如是说。

1 万名工程师保证了比亚迪的创新能力，而 13 万名操作工，即"人 + 机器"= "机器人"，又为比亚迪创造了无法比拟的成本优势。正是"创新优势 + 成本优势"构建了比亚迪坚固的"护城河"。

二、滚雪球需要足够的耐心和恒心

2009 年 5 月 16 日，和讯网邀请《滚雪球：巴菲特和他的财富人生》的作者艾丽斯·施罗德作为主讲嘉宾，与中国读者和投资者分享巴菲特的投资真谛。有记者问："2008 年对于巴菲特来说，是棘手和尴尬的一年，伯克希尔·哈撒韦公司去年全年股价下跌 32%，账面价值缩水 9.6%，这是现年 78 岁的巴菲特自1965 年执掌公司以来最糟糕的一年。这是不是说巴菲特这一次没有找到合适的'湿雪'和'长坡'？"

施罗德回答："过去的一年确实很艰难，但这并不代表巴菲特错误了。在滚雪球的过程中，一个人除了需要眼光，还需要足够的耐心和恒心，不能光看眼下的情况就决定是继续还是放弃。巴菲特虽然承认做了错误的投资，但并不代表他会甘心失败。滚雪球是他一生的事业，就像巴菲特说的：'因为我们不会回到山顶重新开始滚雪球。'在这次金融危机中屡屡出手，也从另一个角度验证了这个观点——不是总有那么好的机会，让你爬上一个山坡。"

滚雪球需要足够的耐心和恒心，有的人即使找到了湿雪和长坡，往往还没滚出多远，就在太阳底下融化了。

巴菲特说："只有找对了雪地才可以滚雪球，我就是这样做的。我所指的不仅仅是赚钱方面，在认识世界、结交朋友的时候同样如此。我们一生中要面临诸多选择，要争取做一个受欢迎的人，其实就是让自己的雪球在雪地上越滚越大。最好是一边前进一边选择积雪皑皑的地方，因为我们不能回到山顶重新开始滚雪球，生活正是如此。"

所以，想要成为一名优秀的投资者，就要像巴菲特一样，在风暴中有独特的投资视角，在危机中敢于捕捉机遇，耐心寻找自己的湿雪和长坡，并坚持不懈地滚下去。

你现在的投资合理吗

巴菲特曾告诫投资者：成功投资的第一条要诀是不要亏钱，第二条要诀是别忘了第一条。保住资本才是赚钱的根本，所以，想要自己的雪球越滚越大就要进行合理的投资。

一、投资要有合理的目标

在投资之前，我们首先要为自己制定一个合理的目标。我们可以将投资目标简单地视为预期投资收益率，即投资者将资金投资于股票、基金、债券等所希望达到的收益率。

制定合理的投资目标，需要我们结合自己或家庭的具体情况，所确定的目标应该是切合实际的。由于不同的人风险承受能力、资金闲置时间、对流动性的要求以及对投资工具的偏好等都有着明显的差别，所以，投资目标也会有所不同。比如，有的投资者比较保守，风险承受能力较差，因此对投资收益率的要求就较低；而有的投资者喜欢冒险，风险承受能力较强，所以他对投资收益率的要求也较高。

然而，有些人往往没有结合自己的实际情况来确定投资目标。有些投资者对投资收益率的要求较高，超出了自己的风险承受能力，或者与经济形势和市场环境不符等，这样的投资目标通常都会给自己的投资带来一些不良后果。价值投资必须有一个合理的目标预期，巴菲特的年复合收益率为24.7%，金融巨鳄索罗斯为28.6%，华尔街第一理财家彼得·林奇为29%。

一位理财师给一位年轻人做理财方案诊断，发现年轻人的方案很有意思。他月收入不过2000多元，但是理财计划却是样样周全：要存银行、买股票、学习，还要部分投资基金、买房买车……他就是不吃不喝，月收入也不能支持他的理财计划。和许多处在投资年龄段的人一样，年轻人过于专注投资和回报，但却不在自己的承受范围之内。所以，一个合理的目标，有助于我们保持理性和乐观向上的投资心态。

不仅如此，我们所定的投资目标还需要根据经济形势的变化和家庭具体情况进行适时调整和完善。比如，如果经济形势明显趋好，就可以调整投资组合，从而将预定的投资收益率适当提高。相反地，若原来的投资组合中高风险的股票和基金较多，那么在市场发生逆转时，就应该适当降低股票和基金的比例，从而降低预期投资收益率。总之，投资理财目标既要符合实际情况，又要明确可行，而且还应该进行动态调整。

二、将鸡蛋放到不同的篮子里

巴菲特主张将所有的鸡蛋都放到一个篮子里，他认为一个投资者在一生中只能遇到四五只真正值得投资的好股票，所以一旦遇到了，就应该立刻集中资金，大量购进，只有把注意力集中放到有限的几家公司上，才能专心看好自己的资产。

但是，想要把鸡蛋放到一个篮子里，需要放鸡蛋的人会挑选篮子，如果挑了一个不结实的篮子，那就落个全盘覆没的下场。巴菲特之所以有信心，是因为在作出投资决策前，他总是花上数月甚至数年的时间去考虑投资的合理性，他会长时间地翻看和跟踪投资对象的财务报表和有关资料。对于一些复杂的难以弄明白的公司他总是避而远之。只有在透彻了解所有细节后巴菲特才做出投资决定。

而对于普通投资者而言，由于其自身的专业知识和投资经验的不足，决定了不可能把资金全都投在一只股票上。而且普通投资者不可能对投资对象有特别专业深入的研究和追踪调查，所以，将鸡蛋放到不同的篮子里不失为普通投资者的明智之举。把鸡蛋放到不同的篮子里，即使某个投资领域发生较大风险，也不至于全军覆没。

为了追求过高的投资收益率，有些投资者不顾自身实际情况，将全部资金都投资于股票、基金等高风险的产品中，结果在市场发生剧烈变化时就会被深度套牢，不仅不能达到所确定的投资收益率，而且连本金都会大幅缩水。

三、在自己熟悉的领域内投资

综观巴菲特的投资组合，我们不难发现，他所投资的都是自己所熟悉的领域。1973 年，他的介入使《华盛顿邮报》利润大增，每年平均增长 35%。10 年之后，巴菲特投入的 1000 万美元升值为两亿美元；1980 年，他用 1.2 亿美元、每股 10.96 美元的单价，买进可口可乐 7%的股份，到 1985 年，其股票单价已长至 51.5 美元，翻了 5 倍……这就是巴菲特的投资习惯：投资易了解、前景看好的企业。

巴菲特深知自己只是传统股票行业的专家，所以他从来不去碰自己不了解的高科技股。他认为，投资股票不要抱有投机和赶时髦的心态，而要当做投资企业，企业利润保持长期增长比追求短期暴利更加重要。

2000 年初，网络股正当红，巴菲特却没有追逐时尚大肆购进，有的投资者认为巴菲特已经太落伍了，完全跟不上高速网络时代了。但是后来，当科技股、网络股泡沫崩裂，疯狂投机者们一夜暴富的梦想也随之崩盘时，人们才发觉巴菲特呈现给投资者的不光是资金的快速增长，还有他稳健的大师风度。

回顾巴菲特的投资收购历程，他永远都在重复自己投资股票的特殊路径——寻找被市场严重低估的股票。这也是巴菲特不断胜利的投资理念。因此，投资者在做任何一项投资前都要仔细调研，量力而行，在没有了解透彻、没有想明白之前，千万不要仓促决策。

大师的理财方法值得借鉴，但不能照搬。严格按照自身条件制订出的理财方案才是最适合自己、最合理的方案。

小心债务危机

2011 年 5 月，美国国债触顶，开创了 14.29 万亿美元的历史新高。8 月 2 日，美国国会参议院周二以 74 票赞成、26 票反对的表决结果通过了旨在削减预算开支并提升联邦政府借贷上限的法案。这使得美国政府在距离债务违约前几个小时获得了借贷限额的提升。

8 月 5 日晚，国际评级机构标准普尔宣布下调美国长期主权信用评级 AAA 至 AA+，这也是标普百年来首次下调美国信用评级。标普方面表示，政治风险与不断上升的债务负担是下调评级的主要原因。

由于美元是国际贸易中的主要结算货币、国际市场主要的投资工具及不少国家储备货币，美债危机将造成世界上利益格局重大调整，对国际市场造成的影响与冲击也是巨大的。如今，面对欧美债务危机加剧，各国央行纷纷出台政策谨慎应对。

一个国家难免遭受债务危机，危机一旦来临，后果不堪设想，同样，个人在投资理财的过程中，也应该提防债务危机。

如今，"寅吃卯粮"是当今许多年轻人的生活态度，收入不菲，积蓄却并不多，买了房子和车子，欠着巨额的债务。据葡萄牙央行数据显示，2011 年第二季度又有 4566 个家庭未能按期偿还贷款，使全国欠款家庭数量达到 66 万家，占家庭总数的 1/7。

超前消费是一种积极的社会发展方式，但能否超前消费首先应考虑自己是否有能力及时还债，如有把握自己能及时还贷则利大于弊，不然超前消费太多反而会降低你的生活质量。正常贷款比例最好不要超过收入的 30%。

如果可以使你加速自我升值，那么选择超前消费也无妨。但是，如果只是为了享受和满足自己的虚荣心，那就属于不必要的浪费了。今天我们醉心于搭造空中楼阁，明天必然要承受从空中摔下来的痛苦。在现有的条件下，我们应该量力而行，防止超前消费成为过度消费。

一、欠债过多，雪球随时可能爆炸

2010 年 11 月 17 日，35 岁的民营企业家郜银河因涉嫌诈骗 1100 万元，以犯罪嫌疑人的身份站在法庭上，"中国公益慈善大使"、2009 年度"中国十大经济新闻人物"的光环消失殆尽。表面上看，他是千万富翁，实际上他是千万"负翁"。

而郜银河正是因为以做生意的理由向同学借 1100 万元用于还债，才走上了犯罪的道路。他的一个朋友看到事情的危险性，曾经打过一个比喻：郜银河就像在滚雪球，雪球看上去是越滚越大了，但里面埋了一颗炸弹，不知道什么时候就爆炸了。

借款消费的利弊不能一概而论，我们一定要根据自己目前的经济情况和未来几年可能的经济状况考虑需不需要借款，如果决定借款，一定要制订一个尽快偿还欠债的计划。不要过分依赖现在借钱消费、以后还钱的生活模式，更不要让还贷破坏自己本来平静安逸的生活。

不少"负翁"表示，还贷的压力让自己小心翼翼，唯恐失业、降薪。"养了房之后，最大的感受是不能轻易跳槽了"，一位业内人士分析说："高收入和高风险、高安全不完全统一，结果很多人牺牲了发展的机会。"其实，这些"负翁"所面临的，不仅仅是财务问题，还面临着精神问题。

二、扼杀潜在的债务危机

1. 评估收支状况

每月至少做一次精确的财务分析，先统计你本月的总收入，然后统计各笔开销，最后将总收入和总支出进行对照。如果每月用于清偿各种债务的钱已占到月收入的 20% 以上，就有必要考虑调整自己的消费方式了。

2. 千万别做卡奴

信用卡的出现，给很多人带来了方便，这种不见现金的付款方式对人们透支消费有很大诱惑力。持卡人必须清醒地认识自己的财务状况，以及钱的去向，做到"只为计划内的消费刷卡"，并准时偿还信用卡的欠款。

3. 控制消费欲望

如今，人们消费的理由早已不是"需要"，而是"生活质量"了。于是，房贷、车贷一一推出，越来越多的人乐于用明天的钱住今天的房、开今天的车。

请记住：消费永远应该低于自己的财力，收入高于支出是远离烦恼的最好秘诀。

4. 做到专款专用

各类额外支出最好事先预留，尽量"专款专用"，挪来挪去地使用，不仅会让你感到疲惫，还会让你在不经意间欠下债务。

5. 预防突发情况

生活的变数颇多。"债务危机"的出现有时不是因为过度消费，而是其他突发情况，比如失业。最好在变故到来前未雨绸缪，以不变应万变，所以，你手边至少应该有可以应付半年生活的现金。

三、还债也要有计划

凡事预则立，不预则废。做任何事都要有计划，否则就会出现杂乱无章的状态。负债消费，要及时清理债务，避免出现债务风险。所以，负债者在偿还债务过程中也要有严密的计划。

还债计划要建立在实际经济收入的基础上，以不影响家庭正常的生活为原则。还债时先优化组合负债是很明智的一种选择，为减少利息支出，可以尽可能地利用利率最低的品种，比如7年以上房贷年利率比车贷等其他消费贷款的低，从优化负债结构出发，应舍车贷而选房贷。

还债计划还要留有余地，一般不要留有缺口。当缺口较大时，就会出现借新债还旧债的情况。但是，资金预备的余地也不能太大，因为预备资金过大，就会造成一部分资金的闲置，提高了债务成本。

四、投资理财，为资金找好避风港

欧美债务危机导致了国内股市和期市也大幅下挫。面对股市和大宗商品价格的巨幅震荡，以及 CPI 的持续居高不下，投资者该如何理财？

1. 顺应趋势，实现投资增值

中钢期货重庆营业部副经理杜成琼表示：在债务危机主导的情况下，投资者首先应考虑固化自己的资产财富，而后根据债务危机的发展情况，顺应其趋势投资，实现投资的增值。

2. 减少存款，选择基金定投

中国邮政储蓄银行重庆分行个人业务部的安璐表示：投资者可适当减少定期、活期存款，选择基金定投，在固定的时间以固定的金额投资到指定的开放式基金中长期投资，既起到储蓄的作用，又可以通过时间来化解通货膨胀风险。

3. 短期投资，考虑理财产品

交通银行重庆市分行私人银行中心理财经理、AFP 持证人汪涛表示：家庭财富的增长关键就在于资产的预先规划和配置。对家庭而言，只要准备好人生三大资产，从容享受人生是可以实现的。这三大资产是：保障资产、退休资产和投资资产。

美国达拉斯大城区的消费品信用贷款咨询服务部业务关系副经理盖尔先生认为：陷入债务的消费者通常有大的财政失误，其中的多数是可以用自律和改变行为方式来预防的。所以，规避债务危机并不难，只要你对自己的收入、消费和理财都有着清醒的认知和强大的控制能力，养成合理的生活消费习惯，就可以享受健康、科学的理财生活。

寻找财富的规律

著名作家托尔斯泰曾写过一篇名为《一个人需要多少土地》的小说，写的是农民帕霍姆为了养家糊口，辛勤劳动，却始终没有自己的一片土地。有一天他跟一个拥有大片土地的头领买地，那位头领说道："我们以天为单位卖地。你一天走多远，走过的土地都是你的。"帕霍姆为了买到尽可能多的土地而不停地走，他为此拼尽全力，最终力竭而死。

小说结尾写道："他的仆人捡起那把铁锹，在地上挖了一个坑，把帕霍姆埋在了里面。帕霍姆最后需要的土地只有从头到脚六英尺那么一小块。"这一句就如晨钟暮鼓，让人心生无限感慨。

帕霍姆希望眼前所有的土地都属于他，贪欲不断膨胀，令人遗憾的是他最后得到的却只有一块小小的埋葬之地。那么，一个人需要多少土地才能让他感到满足？一个人又需要多少钱才能让他感到幸福？在我们追逐财富的过程中，这个问题总是不期而至，无法回避。也许很多人会说：越多越好。

这个世界是一个客观存在的世界，每一件事物都是规律运行的必然产物，财富也不例外。每个人都有追求财富的欲望，关键在于我们能否把握财富规律，应用规律，创造财富。如果像帕霍姆那样，为了欲望只顾埋头不停地走，却不懂得把握财富的规律，最后便会得不偿失。

财富的真谛不在于多少，而在于拥有者能否自觉节制欲望，寻找创造财富的规律，树立一种健康合理的财富观。

有这样一个故事：上帝给了穷人一百万英镑，让穷人去做富人。如果五年以后，他真的成为富人，那么再给他一百万英镑。于是，穷人拿着一百万英镑，开始了花天酒地，醉生梦死的富人生活，安心地等待第二个百万英镑的到来。

五年弹指一挥间，穷人如五年前一样出现在上帝面前。他向上帝忏悔道："再给我一个百万英镑，我肯定会珍惜，会勤俭节约的。"上帝笑了："我说过，五年以后你成了富人，我再给你百万英镑。可是你现在依然是个穷人，你让我怎么办？""当个富人有这么难吗？""如果你是富人，当初我给你百万英镑，五年以后你会给我百万英镑。如果你是穷人，当初给你百万英镑，五年以后你还会向我要百万英镑。穷人总是说富人浪费，更贪婪，事实上穷人比富人更浪费更贪婪！"上帝拿着他的百万英镑走了。

上帝因此得出一个结果：除非把钱放在穷人的口袋里，不然他们的很多生活方式和生活习惯已经注定他们和金钱无缘。富人则不然，他们的眼里常常能看到穷人看不到的商机和危机，他们总是能先知先觉。

一、学会合理消费

合理消费指在一定消费水平的基础上实现消费结构的优化，以提高消费的效益。合理消费注重消费支出各个项目之间的适当比例和相互搭配、消费品供给结构和需求结构的互相适应。

你是否有以下的消费习惯：看见打折、甩卖的商品就买，无论自己是否需要；透支消费，月光族，花钱无节制；爱跟风，流行什么就追求什么；爱攀比，打肿脸充胖子……以上这些都是不合理消费的表现。

实用加实惠是生活消费中的合理原则，无论我们是贫穷，还是富有，都应把钱花在刀刃上。生活中，很多女性都会有冲动消费的行为，对她们而言，逛街就是一种消遣。避免盲目消费的最好办法就是出门时让自己带够刚好需要的现金，不要带信用卡之类；当你想购买某件商品时，给自己一个购买缓冲期，也许过几天你就会发现，有些东西其实完全没必要买，尽量让自己避开容易花钱的环境；定时盘点自己的开支。

那些让人羡慕的富翁们很少奢侈无度，他们大多都能量入而出。比尔·盖茨虽然捐出的钱不计其数，但是在日常生活中他依然不喜欢浪费。有一天他和一位朋友驱车前往希尔顿饭店开会，由于去晚了没能找到车位，朋友建议把车停在饭店的贵宾车位，可是盖茨不同意，因为存车费要花 12 美元，他觉得太贵了。朋友打算自己埋单，但是盖茨依然坚持不肯停在贵宾车位上。

作为一名卓越的商人，盖茨深深地懂得消费的意义，消费就应该像炒菜放盐一样恰到好处，而奢侈浪费则是金钱的大敌。一个人只有当他学会用钱以后，他才能真正理解投资理财的意义，才能够学会赚钱。

对于意外之财，有钱人通常会视其数量大小选择储蓄或是用于再投资。对于普通的投资者，这些不在预期中的收入，如股利、奖金等小数量的意外之财，应该用于储蓄或是用于投资的项目上。

二、懂得理性投资

所谓理性投资，就是在投资时，要正确认清市场，不断纠正自己的错误判断。我们要贴近市场，随着市场的变化而变化。在细微深处抓住市场的本质，这样我们才能稳操胜券。

投资者渴求致富的心情是可以理解的，但是如果为此失去理智，就不应该了。所以，对于投资者来说养成理性投资的好习惯就变得尤为重要。要做到理性投资必要的风险评估就必不可少，投资者要结合自己的实际情况，从各个方面来估算自身风险的承受能力。

一般来说，白领的风险承受能力较强，可以进行高风险投资的理财产品，而中低收入群体的抗风险能力较弱，可以做一些低风险投资。除此之外，还要考虑个人风险承受能力的差异。

另外，每个人擅长投资的领域也不同，有的投资者擅长预测长远大势，有的投资者擅长短线投资。投资者必须具备良好的心理素质并且牢记理性投资的原则，无论市场发生什么变化，都要进行理性分析。

不要把家里所有资产都用来投资某一领域，要学会合理地分配组合。一般家庭最好按照"四三二一"的比例分割资产，即以总收入的40%用于供房贷，30%用于各项生活开销，20%用于低风险保守投资（如储蓄、货币型基金等），剩下的10%则可以用于投资各类保险及高风险的投资项目。这种组合方式，既可以使收益率最大化，又可以有效地防范理财风险。

理性投资要求我们不断地学习、总结、反省，在市场的捶打、磨炼中成熟起来，没有了盲目和冲动，机遇清晰可见，因为这是市场的规律。

三、进行长期投资

有人曾做过统计，巴菲特对每一只股票的投资都没有少过8年。巴菲特曾说："短期股市的预测是毒药，应该把它摆在最安全的地方，远离儿童以及那些在股市中的行为像小孩般幼稚的投资人。"李嘉诚也认为有足够的耐心是投资理财中很重要的一条秘诀。

以投资基金为例，基金公司的承诺一般都是以一年为限，但一年中的涨跌是很正常的，因为基金的主要投资渠道是股市，股市有涨有跌，所以短时间内基金也会有涨有跌，基金承诺的分红是一年内累积的分红，但任何一家基金公司绝不会承诺投资者只要购买就会每天增长。

　　投资股票要挑选好的公司，不要怕股价下跌。优秀的公司也有可能被不寻常的环境所困，导致这些公司的股票被错误地低估，这时我们的机会就来了。正如巴菲特所说，"在别人贪婪的时候我们恐惧，在别人恐惧的时候我们贪婪"。

　　理财者必须了解理财活动是马拉松竞赛，而非百米冲刺，比的是耐力而不是爆发力。要想投资理财致富，你必须经过一段漫长的等待，才可以看出结果。巴菲特"三要三不要"的理财方法中最后一条就是：不要投机。而很多人用投机的心态投资，过于看重"一笔赚了多少钱"，而不去钻研如何获得长期稳定的回报，结果往往不尽如人意。

　　全球一年一度的《福布斯》亿万富豪排行榜不知曾灼伤了多少双求财若渴的眼睛。财富在于发现，懂得财富规律的人可以举重若轻地获得足够的财富，而不懂得财富规律的人，虽然这世界上遍地都是钱，就是不知道怎样才能够把钱赚到手中，反而让自己溺毙于欲海之中。

第二部分 最适合的理财方式

——打造你的理财金字塔

生活中并不缺少财富，而是缺乏发现财富的眼睛，缺乏组合投资的智慧，缺乏打造理财金字塔的能力。只有让金钱"动"起来，才会增值，让金钱闲置，就是在"犯罪"。

第四章 14%股票

——充满诱惑的华丽探险

股票，冒险中寻求刺激

王琳琳是个普通职业女性，32 岁，在知识分子家庭中成长的她，从小到大，严格的家教给予她理财方面的指导只有两个字：攒钱。因此，她从大学到 32 岁的 10 年期间，的确存了不少钱，这其中有她发表文章赚来的稿费和工资，在 1987 年时，她已经积攒了 6 万元钱，这对于在机关工作的人来说很不容易。

1987 年 5 月，深圳发展银行在成立前为筹集股本金，以自由认股的方式，首次向社会发售人民币普通股 795 万股。由于购买者寥寥无几，花了几个月的时间，也仅完成发行计划的 49.9%。面对这种始料不及的尴尬局面，深圳市政府只能采取行政手段，动员国有企业和机关单位的干部与党员带头，积极购买股票。

王琳琳属于当时少有的积极认购股票的人。但她绝对不是看到了什么巨大的利益前景，而是在打自己的小算盘——再有不到一年的时间，自己就33岁了。别说在特区这样的地方，即使是在内地，33岁时还是个小科员的话，也意味着仕途堪忧。当王琳琳听到一位亲近的领导通风说，单位正在考虑她的提拔问题，希望她好好表现，她便毫不犹豫地积极购买了股票。对股票不甚了解的王琳琳以为，买股票也许就和买国债一样吧，只不过是几年内不能提现而已。

王琳琳一口气买了5万元的深发展股票，在单位里大出风头。此后一连几年，王琳琳将全部心思都投入了下一次的提拔上，并没有想过股票的状况。有一天她突然获悉，她购买的股票加上数次分息和优先认股，已经身价倍增。不过，她实在是不懂股票，也根本没心思去算，以为不过就是利息多了一些罢了。直到这年年底，单位里的一个好事之徒在给她算账时发现，她手中的股票的实际市价已达1000多万元。

从来不相信财富能疯狂增长的王琳琳，现在坐在自己的别墅豪宅里，也不得不相信了。

其实，就目前而言，在中国，银行储蓄一直是普通家庭最主要的投资方式。而在西方国家却截然相反，他们的主要家庭资产则是股票。西方国家尤其是美国大部分家庭都把资金以股票投资的方式持有。当然这其中也必须要考虑风险，要想获得高收益就必须得承受一定的风险。

那我们为什么要投资股票呢？因为投资股票是实现财富长期增长的最优途径。

大多数谨小慎微的人会对股市充满恐惧和怀疑，甚至很多人会把炒股和赌博等同起来。但在股市一路上涨的过程中，获利者的财富神话让那些谨慎的投资者也抗拒不了财富的诱惑，积极购买股票。往往是风险承受能力越低的人参与的时间越晚，最后亏损的可能性越大。股票其实是实现财富长期增长的最好途径，我们不用对比成为世界首富的巴菲特以及彼得林奇·费舍等获得非凡业绩的投资大师们，只要仔细研究一下股市就会发现，在经历一个比较长的时间，大多数股票（包含很多亏损的股票）都是上涨的，并且很多优秀企业的股票的涨幅在 10 倍以上。

我们来看看投资股票能够长期获利的事实。其实从世界包括我国的多年发展历史来看，股票是人们能参与的投资中战胜通货膨胀确定性最高的投资，和存款、债券、保险相比，股票的收益是最高的，如果以更长时间考察，比如 30 年，股票的收益会增长十倍、百倍甚至千倍。

我们看一下美国 1975~2007 年几种投资收益对比（见表 4-1）。

表 4-1　美国 1975~2007 年几种投资收益比较

投资对象	收益倍数（倍）	平均年增长率（%）
股票（标准普尔 500 指数）	18	9.3
债券（买 1 年期国债）	7.9	6.6
房产（买房子）	6.6	6.0
原油（买石油）	6.3	5.8
黄金（买黄金）	3.7	4.1
消费物价指数（通货膨胀）	3.9	4.3

（1）数据来自美国市场，之所以取美国数据，是因为美国提供的数据最完整。

（2）这里的股票收益是不加任何选择的购买标准普尔 500 指数基金，就像我们买入沪深 300 指数基金一样。

（3）时间跨度是从 1975 年第一季度至 2007 年第二季度，经历数个经济周期。

数据对比结果很明显，股票的收益是最高的。

那么股票为什么能够获利？股票获利的保障是什么？

（1）股票能够获利是由股票的本质决定的，即买股票实质上是买企业。

（2）企业的成长是投资股票获利的保障。

（3）惊人的复利作用使投资股票可以获取巨额收益。

（4）作优秀企业的股东是财富增值的最大利器。

（5）股市的波动性和自由交易使我们比企业大股东更具优势。

股神巴菲特在 1931 年，11 岁的他跃身股海，购买了平生第一张股票。

在 1962 年，巴菲特与合伙人合开的公司资本达到了 720 万美元，其中有 100 万美元是属于巴菲特个人的。

到 1968 年，巴菲特公司的股票取得了它历史上最好的成绩：增长了 59%，而同期道·琼斯指数才增长了 9%。巴菲特掌管的资金上升至 1.04 亿美元。

到 1994 年底巴菲特公司已发展成拥有 230 亿美元资产的伯克希尔工业王国，它早已不再是一家纺纱厂，而变成庞大的投资金融集团。

从 1965 年到 1994 年，巴菲特公司的股票平均每年增值 26.77%，高出道·琼斯指数近 17 个百分点。

显而易见，谁选择了要做"巴菲特"，谁就坐上了财富的火箭。

炒股的成功始于选股

选股对于不同的投资者来说都是不一样的，茫茫股海，这么多只股要选哪只赚钱，是每个股民必须考虑的问题，新股民更是对选股如坠雾里。

那我们就来分析股市中的投资者是如何选股的。

股市在每天的交易中，近千只股票同时交易，等到一天的交易宣告结束，每只不停盘的股票或多或少都有一定的交易量，即成交量，这也就意味着：有人卖出放弃持有，有人买进持有。交易是买卖双方的行为，有卖才有买，有买才有卖。

从分析选股的角度出发，我们感兴趣的是买入者的想法。投资者买入某只股票都不是无缘无故的，都有一定的理由、一定的根据。因为人是有思维的，思维支配行动，有买入的思考并且做出决定，才会有具体的买入操作。至于投资者买入的理由，买入的根据是否充分、是否正确，则是另外一回事，有待于实践的检验，但是在买入之时，投资者会自认为其理由、其根据是正确的。

一般来说，报刊也会推荐股票，这种推荐实际上也是一种选股。各种各样的证券报刊，几乎每天都有个股推荐，或长或短，或繁或简，形式多样。这些个股推荐有一个共同的特点，那就是都有为什么推荐、为什么买入的根据。推荐中所阐述的根据有所不同，有的根据基本面的情况，有的根据题材的情况，有的根据相关的技术分析，还有的则是综合性分析，无论根据什么，也无论哪种形式的推荐，其理由、其根据都是较为充分的，是自认为正确的，并且也是令人心动的。其实面对各种推荐，投资者需要自己用理性判别。

投资能力的获得，一是学习前人的方法和著作，二是自己的研究发现和积累，三是盘感的训练和思考，四是向别人学习和交流。投资能力是可以通过学习和训练获得的，要想在投资领域有所作为，必须要自己刻苦学习相关知识。

选择股票要从以下两个方面考虑：

1. 选择最有投资价值的股票

目前的股票琳琅满目，这些股票分别来自不同的公司，这些不同的公司又分属不同的行业，选择什么样的股票，将决定你是否获利，获利多少，由此可见选择股票的重要性。选择股票要注意公司所从事的行业。进一步说，你必须尽量收集掌握有关该种股票的各种资料，确定到底投资于何种产业部门的何种类别的股票比较好。因为，不同行业、不同产业，经济发展的前景不一样，经济的增长率不一样，行业利润率、市场开拓的能力也千差万别，产品从最初投产的幼年期到占领市场的成年期，产品生命周期也不一致。因此，不同行业、不同产业的不同种类的股票，必然风险不同、报酬不同，所以，依据个人的不同情况，正确地选择具有投资价值的行业，往往是成功的开端。

概括地说，从经济发展的角度分类，股票投资行业可分为三大类。

（1）基础性的民生产业。基础性民生产业主要是指电力、煤气、自来水、通信、食品、燃料、交通等基础行业。一般而言，它们都有共同的四大特点：一是由国家和政府垄断，在一定区域范围内不准有同业竞争；二是价格受到管制，是国家控制的价格，不得轻易上升或下降；三是一般不存在产品积压、经济效益滑坡等问题，经营状况稳定；四是收入固定，利润较为稳定。

从这四大特点不难看出，基础性的民生产业与人民的日常生活密切相关，必须保持固定的比例，维护正常的运转，不管国民经济发展的状况如何，一般不受到影响。因而，该行业的股票，股息稳定，风险度低，对于较为保守的投资者，尤其是广大离退休股民最为适宜。

（2）周期性产业。周期性产业是指一国经济中处于成熟发展阶段的支柱性产业。其特点为：一是受经济发展的周期性波动的影响；二是产业本身呈现出周期性发展的特征。正因为这两大特点，周期性产业的股票价格也呈周期性的波动。对于投资者来说，必须准确地判断经济发展阶段性的变化，当萧条来临时，逢低购买该类产业的股票；而当经济过热时，果断卖掉所持该类股票。

（3）成长性产业。成长性产业即处于发展阶段的、极具有增长潜力、未达到饱和状态的行业，此类行业发行的股票在股市中最具魅力，是很多投资者追捧的对象。

成长性产业也具有两大特点：一是过去业绩卓著，发展增值很快，现在已经基础稳固，并且不断开发出新产品，集合了强大的市场开发能量。二是将来有极大发展潜力，并代表着市场发展方向。由此两大特点，对于投资者而言，购买成长性股票非常有利：股息增长最快，股利最为丰厚，股价上涨最快，长期性持有往往可抵消购买时机的错误。正因为如此，对于投资者而言，购买成长性股票获利比较丰厚。

2. 分析上市公司的市盈率指标

市盈率，又称本益比，或称价格盈利比例，也就是某一时点上每股股票价格与每年的每股盈利之比。计算公式为：

市盈率 = 股价 × 总股数 ÷ 税后利润 = 股票价格 ÷ 每股盈利 × 100%

对于投资者而言，市盈率高时，股价多半进入高价圈；市盈率低时，股价多半已进低价圈。希望取得稳定收入的投资者，可以购买市盈率比较低，股息记录较稳定的股票。但从长期看，价格盈利比较高的股票，往往价格上涨快，发展前途宽广，极富潜力。

财务报表反映上市公司体质是否健康

对于理财，股票是最好的长期投资工具。而在股票市场中，股票发行企业的经营状况是决定其股价的长期的、重要的因素。而上市公司的经营状况，则通过财务报表反映出来，因此，分析和研究财务统计报表，就显得尤为重要了。进行股票投资的投资者在研究如何衡量股价以前，应先了解发行公司的财务报表。

由于上市公司的财务报表运用各种报表上账面数字的变动趋势，以及相互关联性作出分析，所以可测定企业的经营效率和合理的投资价值，有助于投资者掌握股价的变动趋势，降低投资股票的风险。

上市公司公布的财务报告主要包括资产负债表、损益表、保留盈余表、财务状况变动表。

资产负债表是指在某一特定时日，企业的资本结构或财务状况的情形。它显示出企业的资产＝负债＋所有者权益。通过资产负债表，能够了解财务结构及偿债能力；损益表是显示某一段期间之内，企业营业收支的报表；亦即发行公司的获利情况。它可显示出每股的净利或盈余数字。保留盈余表是揭示一段时期之内，如何在股利、董监事酬劳、员工红利上分派企业所累积的盈亏以及未分配盈余的报表；财务状况变动表是揭示一段时间内，企业主要营运资金等财务资源的来源，以及运用情况的报表，用以显示企业理财方式的良好与否。

总的来说，财务报表能反映一个公司的财务"体质"是否健康。

对于刚刚接触股票的我们，在看一个公司的财务报表时，都应该看什么地方呢？

1. 看经营收入指标，掌握企业的市场占有率

企业的经营收入往往反映了企业产品（或商品）在市场上受欢迎的程度，换言之是衡量其商品在市场上与同业之间的竞争力。

主营收入和非主营收入共同构成经营收入。前者一般是企业的当家产品，说明某个企业是否有拳头产品。倘若主营收入占整个营业收入的比重为绝大部分，那么就说明该企业在市场上能凭借拳头产品站稳脚跟。反之，则说明整个企业的根基不牢靠，遇上风吹草动，就有可能会导致收入滑坡。需要注意的是，看经营收入指标，不能仅分析其每年的增长水平，即单纯从本企业的纵向比较中把握其动态走势，还应从整个行业的视角出发，观察其商品的市场占有率（经营收入÷行业经营收入），即从行业的横向坐标中觅得其占有的市场份额。

2. 看资产运行指标，掌握企业的财务状况

如果把经营收入比作一个人的肌肉，那么资产运行就好比是维持人体正常生存的血液。资产作为"血液"运行质量的优劣，自然对企业的经营好坏至关重要。

看企业的资产运行指标要重点分析资产与权益的关系。一家公司的全部经营资金来源与全部资产总额肯定相等，经营资金来源又包括股东权益和债权人权益（负债）。一个公司的资产总额很大，并不能说明这家公司经营业绩与财务状况就好，而要看其股东权益对应的那部分资产（净资产）的数额有多少。

企业的净资产 = 总资产 – 负债。一般而言，如果企业的净资产大于企业的固定资产（包括土地、设备、建筑物），就表明企业财务结构良好，安全性较大。现在有许多公司的大量资产是靠高额负债形成的，这就意味着其固定利息支出也随之上升，普通股东所负担的财务风险也就越大，倘若再加上这部分资产市场价值不大的话（如滞销货物、积压商品），企业经营业绩就很差了。这方面的分析集中通过资产负债率指标反映。其计算公式为：资产负债率 =（企业全部负债 ÷ 企业全部资产）× 100%。

评判某个企业的债务是否具有较大的风险，除了上述负债率指标外，投资者还可注意企业偿债能力的指标。企业偿债能力既反映企业经营风险的高低，又反映利用负债从事经营活动能力的强弱。因为优质企业负债结构合理，偿债能力相对较强。反映企业短期偿债能力主要有两项指标：一是流动比率，其计算公式是：流动比率 = 流动资产 ÷ 流动负债；二是速动比率，其计算公式是：速动比率 =（流动资产 – 存货）÷ 流动负债。生产经营型企业合理的流动比率应为不低于 2，而正常的速动比率应不低于 1。

除此之外，分析企业的资产运行状况，还应关注的指标是：应收账款周转率和库存及库存周转率。一般而言，企业的库存视不同行业而定，而应收账款周转率和库存周转率则是越高越好，周转率越高，周转效数越多，企业的经营状况就越好。

3. 看回报水平指标，掌握企业的盈利能力

股票收益一般可分为资本利得、股利收益和差价收益三大类。而以送股、配股、派息为主要内容的资本利得和股利收益又与企业的各项回报水平指标密切相关，故分析好企业投入产出指标，是甄别绩优股与绩差股的试金石。这些指标包括净资产报酬率、每股收益率、股利支付率、市盈率、每股收益。净资产报酬率 =（税后净利润 ÷ 净资产数额）× 100%。该指标反映了股东所关心的全部资本金的获利能力。每股收益率 = 税后利润 ÷ 发行在外的普通股股数。该指标值代表了每一股份可获取利润的多少。股利支付率 =（每股股利 ÷ 每股盈余）× 100%。该指标能衡量股东从每股盈余中分到手的部分有多少，可以体现当前利益。

4. 正确看待高送配方案

尽管证券监管部门早已规定，上市公司应少送红股，多分现金，没有投资回报的公司不准配股，但市场的看法却非如此，似乎并不认同派红利，更偏好送红股，且数量越大越好。送红股是指，上市公司将净利润不以"现金股利"的形式，而以发放股票的形式分配给股东，结果是利润转化为了股本。送红股后，公司的资产、负债、股东权益的总额及结构并没有发生改变，但总股本增大了，同时每股净资产降低了。我国仍旧大量地送红股，这主要是由于国内的利率水平较高，加之一些股票价格过高，含有较大的投机成分，使上市公司纵然以多送现金来回报股东，仍然无法与银行利率相比。因此，目前股市上的投资者只好立足于市场上的炒作来作出取舍的判断。公司以送红股为主，市场上总认为上市公司将利润转化为资本金后，投入扩大再生产，会使利润最大化，似乎预示着企业正加速发展。

因此，虽然除权之后股价会下跌，但过一段时间后，投资者有新一年度盈利提高的预期，因而股价将被再度炒高，这正是投资者的希望。此外，上市公司还围绕除权、填权做出许多炒作题材，诸如送后配股、转配等，竭力吸引投资者注意。并且，市场又将这种效应放大。因此，送股被市场普遍作为利好处理。

5. 看财务报表附注

由于规定会计项目中比上年同期涨跌幅度超过 30% 的要加以说明，一些重要项目的增减说明，会对阅读报表有很大帮助。有些上市公司主营收入增加很快，但流动资金也有大规模的增长，在财务报表附注中可以发现大多数流动资金都是应收账款。这种情况往往由于同行业竞争激烈，上市公司利用应收账款来刺激销售，不得不牺牲良好的财务状况来换得账面盈利的虚假性增长。这往往预示了该行业接下来的供求关系会发生一定的变化，投资者应有所警惕。

盯住止损，不考虑利润就是措施

在股票投资中，当投资出现亏损的时候，我们就要及时止损。所谓止损，也叫割肉。它是指当投资出现的亏损达到预定数额时，及时斩仓出局，以避免形成更大的亏损。其目的就在于投资失误时把损失限定在较小的范围内，以较小牺牲博取较大利益。

为了帮助理财投资者更好理解，我们用鳄鱼法则来形象说明。鳄鱼法则是说：假定一只鳄鱼咬住你的脚，如果试图用手掰开鳄鱼嘴，鳄鱼便会同时把你的手和脚都咬住。你越挣扎，就被咬得越紧。所以，万一被鳄鱼咬住脚，你唯一的做法就是牺牲那只脚。在股市里，鳄鱼法则就是：当你发现自己的交易背离了市场的方向，必须立即止损，不得有任何延误，不得存有任何侥幸。

看一组简单的数字我们就应该能了解止损的重要性了。

当你的资金从 10 万元亏成了 9 万元，亏损率是 1 ÷ 10 = 10%，你要想从 9 万元恢复到 10 万元，需要的赢利率也只是 1 ÷ 9 = 11.1%。如果你从 10 万元亏成了 7.5 万元，亏损率是 25%，你要想恢复的赢利率将需要 33.3。如果你从 10 万元亏成了 5 万元，亏损率是 50%，你要想恢复的赢利率将需要 100%。在市场中，找一只下跌 50% 的个股不难，而要骑上并坐稳一只上涨 100% 的黑马，恐怕只能靠运气了。俗话说，留得青山在，不怕没柴烧。止损的意义就是保证我们能在市场中长久地生存。也有人说：止损 = 再生。

做股票因判断失误导致亏损是很正常的。关键是失误亏损之后要找出原因和教训，避免再犯同样错误。相比较而言，事先预防高位套牢比事后绞尽脑汁解套要高明许多。

那么，如何给自己投资的股票制定止损价呢？

一、投资者事先预防高位套牢的三点铁律

（1）不在大涨之后买入，避免参与回调。

（2）不在上升较长时间后，成交量突然放大时买入。

（3）不在长期上升之后，公布市场早已预期的重大好消息之后买入。

如果投资者能冷静面对以上情况，控制好自己的情绪，那么至少可以规避掉 80% 的高位套牢陷阱。

二、怎样合理制定止损价

（1）股价跌破前一个交易日的中间价。

（2）股价跌破前一个交易日的最低价。

（3）股价跌破 5 日成本均线。

（4）股价跌破上升趋势线。

（5）股价跌破前期股价整理平台的下边线。

（6）股价跌破前期的震荡收敛形成的三角形底边。

设立止损价位是个技术问题，也可用心理承受亏损的幅度来制定，比如以-3%、-5%为离场的标准，也是应对高位套牢的有效方法。

但是，在止损时千万要注意：不要手软，不要让利润变成亏损。

比如，你 10 元一股买进了 1000 股，现在股票升到 12 元了，你已有 2000 元的利润。这时要定好止损价，价格应在 10 元之上，比如说 10.5 元或 11 元，不要再让股票跌回 9 元才止损。要明白当股票从 10 元升到 12 元，却让它跌回 9 元，最后割肉止损，这种感觉是多么令人懊恼。把止损点定在 11 元，卖掉时也许还能赚点钱，和在 9 元时不得不割肉的感觉肯定是不一样的。

也许有投资者会问：10 元买入的股票，现在股价涨到 12 元，把止损点定在 11.9 元，这样不就能保证赚得更多吗？说得不错，但实际上并不能这么做。股票波动 0.1 元有时用不了 2 分钟，一旦你买入，股票可能一路冲到 15 元，你就失去赚大钱的机会了。把止损点定在 10.5 元或 11 元，这样就会给股票10%左右的喘息空间。一只正常上升的股票，是不会轻易跌10%的。

在交易中，我们需要考虑的因素有很多。其实，我们唯一能控制的只有止损，由于市场不可预测，所以赢利是不会任我们摆布的。努力做好自己能做的，我们的追求自然会实现。盯住止损就是在做我们能做的工作，因为止损是我们可以控制的。倘若我们只盯住利润或行情，就是在做自己无法控制和把握的东西。

所以，买入进场之后我们只需盯住止损，只要价格不到止损点，我们就一直持有，不用太关注具体波动。止损是相对静态的，具有可控性，止损的可控性能够使我们保持良好的心态。股市上有句格言："让利润自己照顾自己！"所以，当我们盯住止损而不考虑利润时，就没有什么因素能使我们心态变得不好。

当然，盯住止损不考虑利润并非不追求利润，而恰恰是最好的利润追求方法，因为利润是自然而然出来的，是做了正确的分析后耐心持仓等待出来的，而不是频繁交易创造出来的。风险控制好，利润自然来。

所以，一定要将"盯住止损不考虑利润"的观念落实到具体交易中去，才能更安全地获利。

长期持股而非朝三暮四

曾经财富超过比尔·盖茨，成为世界首富的"股神"巴菲特在 1992 年致股东的信中写道："短期股市的预测是毒药，应该把它摆在最安全的地方，远离儿童以及那些在股市中的行为像小孩般幼稚的投资人。"巴菲特是这么说的也是这么做的，他对于每一只股票的投资没有少于 8 年。可见，长线投资是巴菲持的重要投资策略。

对于普通的投资者，长线的好处更是显而易见。比如投资成本低、花费的精力少。当然，最重要的是收益稳定可观。

有人经过测算，发现投资者赚钱与否的概率与其持有证券的时间高度相关，持有两年以上者赚钱的概率超过 50%，持有三年以上接近 60%，持有五年以上超过 80%。如果持有超过 10 年，赚钱的概率可以达到 99.9%。如果从绝对收益的角度考察，选择一家公司的股票，自其成立起就投资，坚持半年的投资者可以获得 2.6% 的收益，坚持 1 年收益增长到 11.8%，坚持到快 4 年这个数字就会变成 668.2%，而这只是不到 4 年的时间。

可见，长期持有是个最简单也比较有效的投资策略，能带来不错的回报。采用这个策略的投资者，在买入股票后只需把它搁置一旁。

举例说，你有 100 元，把 60 元储蓄起来，其余用来买股票。无论股市起还是落，你都不会买入更多的股票，或是卖掉股票把钱存起来。如果你紧随这个策略，财富贬值的可能性不高，因为你始终会有 60 元的储蓄，而 40 元的股票投资又有增值的潜能。而从长远来说，股票能比储蓄带来更高的回报，因此许多基金经理建议投资者把较高比例的财富长期投资于股票。

长线投资更适合像我们这样资金量不大，涉股不深的投资者。短线也许可以迅速令我们尝到 30% 利润的兴奋，感到短兵相接的快感，却也可以迅雷不及掩耳的速度吞噬、套牢我们。有些幸福往往来得快，去得也快。选择长线更稳妥。

倘若这样，投资具有长期持续竞争优势的卓越企业，投资者所需要做的只是长期持有，耐心等待股价随着公司成长而上涨。具有持续竞争优势的企业同时具有超额价值创造能力，其内在价值将持续稳定地增加，相应其股价也将逐步上升。在长期投资中，没有任何因素比时间更具有影响力。随着时间的延续，"利滚利"的力量将发挥巨大的作用，为投资者实现巨额的税后收益。

那么，如何才能坚定不移地进行长期持股呢？

1. 具有战略性思维

古诗里讲"会当凌绝顶，一览众山小"，是说站得高才能看得远。无论是在企业基本面研究还是股票买卖、持有以及对市场的判断过程中，战略性的思维和大局观都十分重要。全局了然于胸，对将要发生的一切可能结果有所预料，便能坦然面对在投资中出现的一切挑战，所有人性的弱点变得脆弱而不堪一击。

2. 控制欲望

欲望能使人失去理性，欲望越多的人弱点也越多，堕入深渊的可能性也会越大。学习控制自己的欲望，是战胜自我的根本。虽然资本天生具有逐利性，但无欲无求这种佛家的境界，能带给投资者很多启发，也许是我们通向成功的垫脚石。

3. 改变获利模式的关注点

大多数的投资者都会把获取股票波动产生的差价作为投资收益的唯一关注点。其实，投资者应该把自己看成企业的经营者，把投资股票看成实业经营，把现金分红和企业内在价值增长作为投资收益实现的主要手段。如果能做到这样，我们就不会在乎股价的波动，不会因为股价而改变对投资对象的态度。这样一来，我们反而能更大限度地获得差价和企业内在价值增长及分红双重收益。

4. 选择最佳买入点

买点要进可攻退可守。不仅要看中长期风险收益比，也要衡量短期风险收益比。短期风险收益比至少要达到1：3才出手。在牛市中，一般的风险收益比都要比你预计的乐观许多。不能买在突破口，能买在加速段的中前段也不错。买点好，就处于非常主动的位置，心态就会好很多，拿住仓的概率大大增加。当然，对于以长期操作为主同时又是基本面分析好手的投资者，对短期买点的要求可以低一些。

5. 永远做伟大企业的多头

时刻牢记时间是好公司的朋友，伟大的企业总能随着时间的推移，内在价值持续地增加。无论多大的股价调整，都是市场先生开的一次玩笑，站在历史的角度看不过是汪洋大海里偶然溅起的一朵小浪花。

6. 站在巨人的肩膀

坚定执行巴菲特、林奇等大师的投资策略，不要幻想找出超越他们的方法，否则聪明反被聪明误。巴菲特投资策略是公认的最有效的一种投资战略，历史也证明了这一点，长期投资绩效能与巴菲特比肩的寥寥无几。几十年来梦想超越他的人不计其数，但到目前为止还没有人能够做到。即便是能做到与他业绩相近的人，他们采取的也是相仿的投资策略。既然已经有被验证的最成功的方法，我们为什么不站在巨人的肩膀上，而要把时间浪费在研究和实践可能根本不存在的所谓更好的方法上呢。也许有一天蓦然回首，很多人发觉自己已经白发苍苍却一无所获，此时才能体会到巴菲特理论的精妙。

7. 持续学习

持续不断地接受价值投资理念的熏陶，才能逐步深化对价值投资的理解，掌握价值投资的真谛，坚定自己的信念，从而保持良好的心态。困惑时重温大师们的忠告，是解惑的良方。

8. 远离股市

抛弃股票行情软件，远离短线投资者圈子。把所有的精力倾注于企业基本面的研究和跟踪上，建立起对未来的强烈信心，对其他非基本面因素的干扰应视而不见。

9. 良好的资金管理理念

投资股市的资金一定必须是不急用的自有资金，利用借贷和抵押资金投资股市随时会把自己逼上绝路。因为，利润是不能任人摆布的，想要获取最大利润是不可能的，我们只能赚取能力圈范围的收益，错过的利润不代表是损失，不要为此而懊恼。

10. 常常自检

经常询问自己：我现在的行为理性吗？感性与理性常常背离。心里十分清楚正确的做法，侥幸心理和从众心理使感性情绪占据上风，从而做出错误的选择。投资的最高境界是心如止水，知易行难，贵在强大的执行力与恒久的坚持。

安德烈·科斯托兰尼的"十律"与"十戒"

有一个男子带着狗在街上散步。像所有的狗一样，这狗先跑到前面，再回到主人身边。接着，它又跑到前面，看到自己跑得太远，又再折回来。整个过程里，狗就这样反反复复。最后，他俩同时抵达终点，男子悠闲地走了1公里，而狗跑来跑去，走了4公里。

男子就是经济，狗则是证券市场。对股市做出这一精彩比喻的，正是有德国的华伦·巴菲特和证券界教父之称的安德烈·科斯托兰尼。

安德烈·科斯托兰尼，德国最负盛名的投资大师，1906年出生在匈牙利，犹太人。他被誉为"20世纪的股票见证人"、"本世纪金融史上最成功的投资者之一"。他在德国投资界的地位，犹如沃伦·巴菲特在美国的地位。他的成功，被视为欧洲股市的一大奇迹；他的理论，被视为权威的象征。德国的投资人、专家及媒体记者，经常以他对股市的意见为依据，决定自己的行动方向，或发表分析文章。

1999年，见证百年金融发展的科斯托兰尼因病辞世。由于不吝和他人分享他的智慧结晶，他留下了许多典范著作和投资学观点给所有的读者。在他一生当中共写了 13 本有关投资、证券、货币、财富、证券心理学的书，书中写了他在股市上的巨大成功也写了他的巨大失败，但都是实实在在地告诉读者自己所走过的旅程。

在代表作《一个投机者的告白》中，科斯托兰尼有许多精辟的独到见解，其中比较有名的是他提出的关于股票投资的"十律"与"十戒"。如果投资者能思考并借鉴其中的方法，假以时日，必能在股票市场取得不错的报酬率。

一、十律

（1）有主见，三思后再决定是否应该买进。如果是，在哪里，什么行业，哪个国家？

（2）要有足够的资金，以免遭受压力。

（3）要有耐心，因为任何事情都不可预期，发展方向都和大家想象的不同。

（4）如果相信自己的判断，便必须坚定不移。

（5）要灵活，并时刻思考到想法中可能的错误。

（6）如果看到出现新的局面，应该卖出。

（7）不时察看购买的股票清单，并检查现在还可买进哪些股票。

（8）只有看到远大的发展前景时，才可买进。

（9）考虑所有风险，甚至是不可能出现的风险，也就是说，要时刻想到意想不到的因素。

（10）即使自己是对的，也要保持谦逊。

二、十戒

（1）不要跟着建议跑，不要想能听到秘密信息。

（2）不要相信卖主知道他们为什么要卖，或买主知道自己为什么要买。也就是说，不要相信他们比自己知道得更多。

（3）不要想把赔掉的再赚回来。

（4）不要考虑过去的指数。

（5）不要躺在有价证券上睡大觉，不要因为期望达到更佳的指数，而忘掉他们。也就是说，不要不做决定。

（6）不要不断观察变化细微的指数，不要对任何风吹草动做出反应。

（7）不要在刚刚赚钱或赔钱时做最后结论。

（8）不要只想获利就卖掉股票。

（9）不要在情绪上受政治好恶的影响。

（10）获利时，不要过分自负。

读十律十戒之后要了解到，投机可不是那么简单，投机者必须是高智商、有头脑的交易所投机手。他能正确预测经济、政治和社会发展的动向，并能设法从中赢利。但交易所里的人群中没有几个好榜样，绝大多数交易所参与者都是不经思考，慌乱在交易所跑来跑去。做理财的投资者不要做投机者，只需做一名小投机手，长期持股就行。

对于当今全民皆股的狂热现象，相信安德烈·科斯托兰尼的许多话对我们大有裨益。对于投机，安德烈·科斯托兰尼曾说："人们可以在交易所赚钱，甚至赚很多，也能变富；但也会赔钱，赔很多，也能破产。但是人们不能把交易所看做是工作、挣钱的地方。"在安德烈·科斯托兰尼看来，刚刚加入股市大军的投资者，这些人是交易所的小投机手，他们并不是投机者。当股市震动或下跌时，投机手迟早会破产。他们表现得就像一位从一张桌子跑到另一张桌子的轮盘赌的赌徒。对此，安德烈·科斯托兰尼说："在我80年的交易所生涯中，我还没认识一位能长期取得成功的交易所投机手。"

如果你进入股市想稳赚不赔的话，那就大错特错了。"刺激国际神经的人、大投机家"安德烈·科斯托兰尼谈到自己的投机经验时透露："我的大部分经验是在损失惨重的交易经过中获得的。因此我也可以说，一位交易所投机者一生中没有至少两次破产，他就不配得到这一称号。"

所以，作为我们仅仅以理财为目的的投资者，我们所要做的，就如安德烈·科斯托兰尼所说投资正确的观念，即"投资者到药店买安眠药吃，然后买下各种绩优股，睡上几年，再从睡梦中醒来，最后必将惊喜连连。"这也是对长期持股的最佳建议。

第五章　14%基金

——怎样让钱为你工作

为什么选择投资基金

基金是一种专家理财产品，是将众多投资者的资金集中起来，委托专业的基金管理人士进行共同投资的金融投资工具。与个人理财相比较，专家理财能够利用在投资品种、投资渠道、信息来源、资金规模以及投资技能等方面的优势，实现资金安全性、流动性以及收益性之间的最佳平衡。

特别是对有固定职业的业余投资者来说，由于资金有限、缺少股市专业知识、没有太多的时间，不宜自己直接进入股市。最好选择投资基金这种间接投资工具，间接分享经济发展、股市繁荣的成果，获得个人的投资利益。因此，投资基金，就相当于付很低的管理费，雇用了专业人士帮我们投资。

一、投资基金的优势

1.小额投资，费用较低

投资基金是专门为中小投资者设计的一种投资工具，每单位基金的面额为1元，每1000个单位为一手，作为交易的起点。由于每个基金都有几十亿元的规模，所以在我国每份基金单位面值为人民币1元。这样，中小投资者只要花1000元就可以购买并持有1000个单位的基金证券，参与证券投资，并获取投资收益。

此外，投资基金大多聘请证券投资专家来代理进行投资操作，这比每个投资者各自聘请专家进行咨询服务所需的费用要低廉得多。

2.专业管理，专家经营

投资基金是一种间接投资工具。基金募集的资金都是由专业投资人才去操作的，因此，投资于基金就等于每个投资者花很少的金钱，聘请专业投资顾问帮助我们理财。

例如，英国罗伯特·弗莱明资产管理公司有400多位投资专家重点追踪全球3500多种股票的情况，每天根据研究结果提出基金的投资组合以及调整方案。常言道："三个臭皮匠，顶个诸葛亮"，更何况是众多的专家组合，避免了一般投资者由于缺乏专业知识和无法进行全面的考察引起的投资失误。因此，投资基金比投资其他金融商品更有保障且省心省事。

3.流动性高，变现力强

一项投资尽管获利很高也很安全，但如果流动性差，脱手变现困难，就不算是一项好投资。与储蓄、黄金、房地产投资相比，投资基金的优势在于流动性高，变现能力强。一般开放型基金每天都会公开进厅报价买卖，我们可以根据自己的实际需要，随时买卖。

而封闭型基金也可以通过证券交易所的上市交易进行买卖，最快一天便可完成整个交易和清算过程。投资股票有时可能遭遇手中股票卖不掉的情况，陷入被"套牢"的困境，使资金的流动性发生问题。而投资基金则不会发生这方面的问题，基金公司有义务应我们的要求赎回。

4. 组合投资，降低风险

有过一定投资经验的人都知道这样一句话："不要把所有鸡蛋放在一个篮子里"，就是避免由于该投资品种的突发损失导致一损俱损。多元化投资是投资运作的一个重要策略，像我们这样的普通投资者由于资金的原因往往不能做到这一点。而基金管理人士可根据不同的比例，将聚集而来的资金分别投资于各类证券品种或其他项目，真正做到低风险。

5. 种类繁多，投资灵活性

随着利率市场化、金融全球化和资本流动自由化的发展，投资基金的种类和投资范围也迅速发展，这有利于满足我们不同的投资偏好。目前，在世界各地的证券市场上，投资基金的数量已超过1万多种，遍及一切金融领域，而且大多数基金都进行跨国投资，任何一种被市场看好的行业或金融品种，都可以通过设立和购买基金得到开发和利用。

如果我们觉得某国债券值得投资但又无法前往购买，那么我们可以通过本国的基金管理公司购买该国债券基金。如果我们看好某国股市，也可以通过认购该国基金来实现自己的投资目标，而且还有债券基金、货币基金、优先股基金或蓝筹股基金等多种基金供我们选择。

投资基金除了为我们提供了广阔的选择空间外，而且往往一个基金管理人可以管理几个或几十个投资基金，我们可根据不同层次和不同类型的需要投资几个投资基金。如此可见，投资基金种类繁多，我们可根据自己的实际情况，任意选择符合自己需要的基金进行灵活投资。

6. 投资基金，效益可观

投资基金与股票类似，股票是按股划分计算其总资产的。基金资产则划分为若干"基金单位"；我们按持有的"基金单位"的份额分享基金的增值收益，而且投资基金由于采取组合投资等措施，因此其风险低于股票，而报酬一般比债券高。

二、投资基金的作用

为中小投资者开辟了投资的渠道。对于中小投资者来说，银行存款或购买债券比较稳妥，但收益比较低；投资股票有可能获得较高的收益，但是风险比较大；而投资基金作为一种新的投资工具，把众多投资者的小额资金汇集起来进行组合投资，由专家管理和运作，经营稳定，收益可观，可以说是专门为中小投资者设计的间接投资工具，大大开拓了中小投资者的投资渠道。

把储蓄转化为投资，促进经济增长。基金吸收社会上的闲散资金，为企业在证券市场上筹集资金创造了良好的融资环境，起到了把储蓄资金转化为生产资金，促进经济增长的作用。

有利于证券市场的稳定和发展。基金有效地改善了证券市场的投资者结构，成为稳定市场的集中力量。同时，基金作为一种金融工具，它的出现和发展增加了证券市场的投资品种，起到了丰富和活跃证券市场的作用，进一步推动证券市场的发展。

选基金就要先了解基金

随着经济的发展，国民储蓄的增加，投资观念在逐渐受到我们的重视。基金作为大众化的理财工具，吸引了众多的投资者。但是在投资前我们要做好功课，选基金就要先充分地了解基金。

（1）我们来了解基金是什么？基金是一种集合理财的工具，就是通过汇集投资者资金，交给专业理财人员进行投资，以取得比较高的投资回报。基金增值部分，也就是基金投资的收益归持有基金的投资者所有，专业的托管、管理机构收取一定比例的管理费用。

基金投资标的可以是任何投资工具，可能是股票，可能是债券，也可能是银行存款。在国外，基金的投资标的更可以包括房地产、黄金、期货等一般人比较少接触的投资品种。

基金是以"基金单位"作单位的，在基金初次发行时，将其基金总额划分为若干等额的整数份，每一份就是一个基金单位。例如，某只基金发行时的基金总额共计 40 亿元，将其等分为 40 亿份，每一份即一个基金单位，代表投资者 1 元的投资额。

（2）针对基金选择考虑的问题也有很多，所以有人称"选基金如选员工"，充分说明基金的选择不能简单地靠一两个方面的信息就能够仓促地作出决定。所以，我们在选择基金前除了要了解自己的需求，评估基金的表现，还应该懂得选择基金的技巧，这样才能最大限度地保证自己的投资获得收益。

另外，我们投资基金产品时还应知道：我们投资基金时，有可能获得较高的收益，也有可能承担一定的风险，所以我们应该抱着一个比较理性的预期来投资。

在选择基金前，我们需要从以下五个方面了解：

1. 正确认识基金产品

我们在买基金产品之前，对基金产品应该有一个正确认识，比如基金投资的优势在哪，相对于其他理财产品有怎样的特点，不同类型基金产品的风险收益特征等。投资者只有在充分了解基金产品后才能客观地看待该产品，然后再根据自身的投资偏好、资金流动性需求、风险承受能力等各项投资要素进行分析，从而构建适合自身特性的基金组合并进行投资，以保证基金投资的安全性和流动性。

2. 制定合理的收益目标，投资收益预期不要太高

制定合理的收益目标非常重要。正如2006年证券市场极其火暴，因此基金投资出现了罕见的高收益水平，股票型基金的平均收益达到了114.95%，其实按照历史分析，投资基金的年收益水平是很难达到这一标准的。

我们以美国为例，近15年来的年收益率为13.57%，中国近3年的平均收益率为8.7%（除2006年外）。由此可看出，基金的正常年收益水平应该稳定在8%~13%。

由于2006年市场推动因素导致基金收益过高，大部分新基民不能理性看待这一过热现象，最终造成其心理的投资收益预期过高。如果第二年市场达不到这样的收益水平，自然会打击我们的投资热情。

因此，我们在基金投资前，应该制定一个合理的收益目标。

3. 选择适合自己的基金

我们在投资基金前，要判断自己的风险承受能力。如果不愿意承担太大的风险，就要考虑低风险的保本基金、货币基金；如果承担能力较强，则可以选择股票型基金。股票型基金比较适合具有固定收入、比较喜欢激进型理财的中青年投资者。承担风险中性的人群则易购买平衡型基金或指数基金。

与其他基金不同的是，平衡型基金的投资结构是股票和债券平衡持有，能确保投资始终在中低风险区间内运作，达到收益和平衡的投资目的。

而风险承受能力较低的人易购买债券型基金、货币型基金。具体基金的分类，我们在下一节讲到。

4. 充分认识基金的风险

任何投资行为都会有风险。投资基金的特点在于由专业理财人员，进行组合投资分散风险，但并不是说绝无风险。通俗地说，用鸡蛋为例，小额投资因为资金有限，只得将鸡蛋放在一个篮子里，篮子打翻了，里面的鸡蛋都会打碎；而投资基金则是把鸡蛋放在许多篮子里，所有篮子都打翻的可能性终究要比个别篮子打翻的可能性少得多。

所以说，不同种类的基金，其风险程度也不同。我们一旦认购了投资基金，其投资风险就只能由我们自己负责。基金管理公司只能替我们管理资产，但不承担根据"基金契约"或"投资协议"的条款进行投资而导致的任何投资风险。

5. 坚持长期投资理念

投资基金和投资股票有所不同，不用过于关注指数的变化。基金投资侧重的是长期投资，如果要投资基金，我们就要明确自己的投资目标，然后才能制定自己的投资计划和策略，长期持有带给我们的回报必定胜于短期的"炒基金"。

许多投资者在基金投资过程中，仍然像股票投资一样喜欢玩"短、平、快"，不断地择时操作，高抛低吸，其实这是基金投资的大忌。一方面，投资基金的手续费比较高；另一方面，短线操作需要很强的市场判断能力和择时能力，不要说我们这样的普通投资者，就是专业的基金经理也未必每次都能够准确地判断出每一个市场买卖时点，因此这种短线操作的难度相当大，里面蕴涵的风险也很高。之所以选择基金投资，就是因为普通投资者既不具备专业的投资能力，又没有大量时间去进行分析和研究，为了省时、省力、省心才选择基金进行投资，如果短线炒作，等于放弃了基金的优点，得不偿失。

应该怎样挑选基金

在基民遍地的今天，您也许已经买了好几只基金，可是，您到底对基金有多少了解？您知道市场上有多少种基金吗？

不同类型的基金，风险和收益水平各有不同，其交易方式也有差别。所以，在买基金之前，首先要明确基金的种类，这样才能方便我们挑选适合自己的基金。

基金的分类方式有很多，如果根据其份额是否固定来划分，主要分为开放式基金和封闭式基金。

目前，绝大部分的基民手上拿着的都是开放式基金，这种基金的规模可以随便随意更改，在认购期和开放期内，我们可购买也可随时赎回；然而相对于开放式基金而言的封闭式基金，就是指基金规模在发行前已经确定，在发行完毕后，在规定的期限（如5年、10年）内，基金规模固定不变的投资基金。

另外，封闭式基金不能在银行等机构买卖，只能像股票一样通过二级市场进行交易。

在开放式基金中，又可以分出很多不同种类的基金：

1. 根据投资对象的不同，可分为股票基金、债券基金、混合基金和货币基金

相关法律规定，60%以上的基金资产投资于股票的基金，为股票基金。这种类型的基金是时下最热门的基金，由于股市涨，它的收益增长相对较为明显。

80%以上的资产投资于债券的基金，为债券基金，又称为债券型基金。它通过集中众多投资者的资金，对债券进行组合投资，寻求较为稳定的收益。债券基金也可以有一小部分资金投资于股票市场，另外，投资于可转债和打新股也是债券基金获得收益的重要渠道。

投资于股票、债券和货币市场工具，没有明确的投资方向的基金属于混合基金。其风险低于股票基金，预期收益则高于债券基金，该类型的基金介于股票基金和债券基金之间。它为投资者提供了一种在不同资产之间进行分散投资的工具，比较适合较为保守的投资者。

投资于货币市场工具的为货币基金。货币基金是聚集社会闲散资金，由基金管理人运作，基金托管人保管资金的一种开放式基金，专门投向无风险的货币市场工具，区别于其他类型的开放式基金，具有高安全性、高流动性、稳定收益性，具有"准储蓄"的特征。

从承担的风险来看，股票基金风险最大，而货币基金的风险最小。

2. 根据投资目标的不同，可分为成长型基金、价值型基金和平衡型基金

成长型基金是指以追求资本增值为基本目标，较少考虑当期收入的基金，主要以具有良好增长潜力的股票为投资对象；价值型基金，也称收入型基金，是指以追求稳定的经常性收入为基本目标的基金，主要以大盘蓝筹股、公司债券、政府债券等稳定收益证券为投资对象；平衡型基金则是既注重资本增值又注重当期收入的一类基金。

一般而言，成长型基金的风险大、收益高；收入型基金的风险小、收益也较低；平衡型基金的风险、收益则介于成长型基金与收入型基金之间。

3. 根据投资理念的不同，可分为主动型基金和被动（指数）型基金

主动型基金是以寻求取得超越市场的业绩表现为目标的一种基金；被动型基金则不主动寻求取得超越市场的表现，而是试图复制指数的表现，并且一般选取特定的指数作为跟踪的对象，因此通常又被称为指数型基金。

相比较而言，主动型基金比被动型基金的风险更大，但取得的收益也可能更大。

由于基金的种类繁多，但按照上面的分类去了解，就不难掌握。

在进行任何类型基金投资前，首先必须审视自身的"财务状况"、"风险偏好"、"承受能力"、"预期收益"、"资金投资的期限"以及对"资金流动性"的要求。其次，我们需要了解基金的类型，也就是了解基金的投资方向，这样有利于我们合理预期基金的风险和回报。

基于对以上问题的深入了解，投资者可以根据以下原则选择基金：

（1）挑选实力雄厚的基金公司。实力雄厚的基金公司通常都具备强大的投研团队，拥有多只明星基金和多位明星基金经理。优秀的基金管理公司不仅能抓住短线机会，更注重把握中长线的投资方向，给我们提供稳定持续的投资回报。对业绩表现大起大落的基金管理公司，我们挑选时需要谨慎对待。

（2）挑选投资能力强的基金经理。基金既然是委托专家理财，那么基金经理自然是一只基金的灵魂。基金经理的投资风格、历史业绩、选股能力、选时能力、职业操守都是我们购买基金时的考量因素。

由于我国发展基金业的历史较为短暂，我们对基金文化的理解有限。所以，一个著名的基金经理，不仅是大家所理解的一个优秀经纪人、一个优秀操盘手，更是一个有着理财理念的掌门人，一个经过市场锤炼的专家能手。

我们在选择基金经理的时候，不要以一时的赚赔论高低，与任何投资相同，基金经理过去的业绩并不是其未来成功的保障。一个优秀的基金经理的能力尤为重要，我们有必要研究基金经理的投资策略；经常关心基金经理最近的运作是否发生了变化；基金经理为客户提供自己对市场的看法与自己的投资目标是否一致等。

（3）挑选评级较高的基金。我们必须考虑被选基金的投资目标是否与本人的财务目标相一致，要收益与预计相匹配，风险能承担，流动性适合资金流向。老基金，须看相当一段时间的历史业绩，包括总回报率以及过往风险业绩评价；新基金，主要看基金的招募说明书，基金契约。

另外，我们在挑选基金时，要考虑到风险的因素。因为我们每个人承受风险的能力不同，所以要牢记，没有最好的基金，只有最适合的基金。从自身的主观因素出发，结合基金的客观条件，才能挑选出最合适的基金。

基金申购和赎回技巧

开放式基金募集期结束后，通常会经历一段短暂的封闭期。封闭期结束后，开放式基金将进入正常的申购与赎回期。从理论上说，开放式基金的存续期是永久的，即我们可以永久地进行该基金日常的申购与赎回。我们（基金份额持有人）购买基金份额的行为称为申购；我们要求基金管理人购回我们所持有的基金份额的行为称为赎回。

开放式基金与封闭式基金不同，其基金的规模并不固定，可根据我们的需求追加发行，因此开放式基金的募集可分为基金的初次发行和基金的日常申购。基金在刊登招募说明书等法律文件后，开始向法定的投资对象进行招募，通常基金初次发行的价格为基金单位面值（一般为 1 元）加上一定的销售费用。

我们认购基金应在基金销售点填写认购申请书，交付认购款项，在注册登记机构办理有关手续并确认认购。基金初次发行时一般会对投资者有费率上的优惠。开放式基金宣布成立后，经过规定的日期，基金便可进入日常的申购和赎回。

一、开放式基金的申购与赎回

1. 基金的申购

基金申购份额确认与认购份额确认方式相似，申购金额扣除申购费用后，除以申购日当日基金份额净值来确认申购份数。目前国内货币市场基金实行零费率，股票和配置型基金的申购费率一般在 0.6%~1.8%，适用的费率一般随申购金额增加而降低。申购同样存在前端收费与后端收费两种模式。实际上，后端收费模式的意义主要在于申购费率会随着基金持有年限增加而逐年递减，甚至不再收取申购费用，适合于长期投资者。具体收费方法及费率规定必须以基金合同中的规定为准。

申购份额 = 净申购金额/申购当日基金单位资产净值

2. 基金的赎回

基金的赎回是申购的相反过程，就是卖出基金单位收回基金的行为。与申购过程类似，我们可以通过直销和代销机构向基金公司发出赎回指令，进行赎回。虽然各基金管理公司的业务细则可能会有所差异，但基本分为以下几个步骤：

（1）发出赎回指令。客户可以通过传真、电话、互联网等方式，或者亲自到基金公司直销中心或代销机构网点下达基金赎回指令。

（2）赎回价格基准。基金的赎回价格是赎回当日的基金净值，加计赎回费。

假如我们赎回某基金 1 万份基金单位，其对应的赎回费率为 0.5%；如果当日基金单位资产净值为 1.0198 元，则其实际可得到的赎回金额为：

赎回费用：$1.0198 \times 10000 \times 0.5\% = 50.99$（元）

赎回金额：$1.0198 \times 10000 - 50.99 = 10147.01$（元）

也就是说，我们赎回某基金 1 万份基金单位，若该基金当日单位资产净值为 1.0198 元，则可得到的赎回金额为 10147.01 元。

（3）领取赎回款。我们赎回基金时，无法在交易当天拿到款项，该款项一般会在交易日的三至五天、最迟不超过七天。我们可以要求基金公司将赎回款项直接汇入其在银行的户头，或是以支票的形式寄给我们。

此外，基金管理人在基金契约中载明的认为需要暂停开放式基金的赎回申请，报经中国证监会批准后也可以暂停赎回，在这期间我们也无法进行赎回。

二、开放式基金申购与赎回原则

（1）"未知价"原则，即申购、赎回价格以申请当日收市后计算的基金单位资产净值为基准进行计算。

（2）"金额申购、份额赎回"原则，即申购以金额申请，赎回以份额申请。因为我们在当日进行基金单位申购或赎回时，参考的基金单位资产净值是上一个基金开放日的数据，进行计算所依据的基金单位资产净值需要当天交易所收市后才能知道。

也就是说，我们申购时无法知道其申购资金能够折合成多少基金份额，赎回时无法知道其持有的基金份额能够折算成多少资金。因此，开放式基金申购与赎回时实行的是"金额申购、份额赎回"的原则。

（3）开放式基金赎回遵循"先进先出"原则即按照投资人申购或认购的先

后次序进行顺序赎回。

（4）高持有基金单位的比例限制即在基金存续期内，单个基金账户的最高持有基金单位的比例不超过该基金总份额的 10%（但因非交易过户转入或基金红利转购基金单位而致使投资者持有基金份额超过最高规定限制的，"单一"投资者持有份额可以超过该规定要求）。个户持有比例超过基金总份额的 10%时，不强制赎回，但限制其对该基金再追加投资。

（5）申购份额限制，即在基金存续期间，单个投资者申购的基金份额加上该基金上一开放日投资者持有的份额总数不得超过上一开放日基金总份额的 10%，超过部分不予确认。

（6）基金的申购金额包括申购费用和净申购金额。

申购费用 = 购金额 × 申购费率

净申购金额 = 申购金额 − 申购费用

（7）注意事项。

基金单位净值以人民币元为单位，四舍五入，保留小数点后位数由基金管理人确定。

申购费用以人民币元为单位，四舍五入，保留小数点后位数由基金管理人确定。

申购份数四舍五入取整数，保留位数由基金管理人确定，由此产生的误差计入基金资产。

申购费率，由基金管理人定。

三、开放式基金日常赎回计算方法

1. 基金的赎回支付金额为赎回金额扣减赎回费用

赎回金额 = 赎回份数 × T 日基金单位净值

赎回费用 = 赎回金额 × 赎回费率

支付金额 = 赎回金额 − 赎回费用

2. 注意事项

基金单位净值以人民币元为单位，四舍五入，保留小数点后三位。

赎回费用和支付金额以人民币元为单位，四舍五入，保留小数点后两位。

赎回费率由基金管理人定。

基金投资组合的选择

有研究显示，理财成功的关键，有 85% 归功于正确的资产配置、10% 来自选择具体投资品种的能力、5% 则靠运气。目前市场上的基金品种越来越多，从积极型到保守型一应俱全。但是，我们仍然处在基金投资的初级阶段，他们可能手里持有十几只基金，却不知如何取舍。其实，这时就需要进行适当的基金组合了。

我们在做任何投资的时候，都应该遵循一定的思路，如果碰到一只基金就买一只基金，导致手上持有一大堆基金，这样不能算做基金组合。

基金组合是我们根据自己对收益和风险的要求，精心挑选一定数量的基金有机组合而成并随时根据证券市场行情的变化进行调整的投资组合，其根本目的是为了进一步分散风险、提高收益。

组合投资能够让不同类型基金取长补短，让基金组合更好地满足我们多样化的财务需求，帮助我们以时间换空间，稳定地获得长期增值。然而，在我们决定基金组合投资之前，要明确自己要投资些什么，想要得到什么样的回报，包括行业比重、市值平均值、持股数量、换手率等因素都是必然要考虑的因素。

基金组合要考虑的因素：

1. 行业比重

基金投资的行业可以分为信息业、服务业和制造业三大行业类别，具体又可细分为十几个小类。一般地，同一大类的股票在证券市场中具有相似的波动趋势。所以，如果我们的基金其投资组合都集中在同一行业中，就有必要考虑将投资分散到专注于其他行业的基金，否则就要承担非常高的风险。

2. 市值平均数

市值平均数是基金投资组合中所有成分市值的几何平均数，体现了基金投资组合中基金的市值大小。由于大盘股、中盘股和小盘股在市场中的表现各不相同，我们可投资于不同市值规模的基金来分散风险。

3. 换手率

换手率是指在一定时间内市场中基金转手买卖的频率，是反映基金流通性的指标之一。计算公式为：换手率 =（某一段时间内的成交量/流通股数）× 100%。通过换手率，能了解基金经理的投资风格到底是长期持有还是积极地买进卖出。

4. 持股数量

从分散风险的角度来看，仅投资 20 只股票的基金与投资上百只股票的基金在业绩波动方面有很大的不同。通常，持股数量较少的基金波动性较大。所以，除了关注基金投资的行业比重外，我们还应当了解基金是否将大量资产集中投资在某几只股票上。

5. 交易费用

目前，基金买卖股票按照 2‰征收印花税，营业税、企业所得税暂免征收。此外，还有交易佣金、过户费、经手费、证管费等交易费用。这些税收和费用直接从基金资产中扣除，从而影响我们的收益。换手率高的基金较频繁地买入卖出证券，税收和交易费用也相应地增加。另外，值得注意的是基金和股票一样，换手太频繁是危险的，所以为了降低风险，我们所选基金的换手率不要太高。

下面介绍几个典型的基金组合：

1. 单身型

这类人群的可塑性很强，潜力大，正处于人生的上升阶段。年轻，而且没有经济负担，但是积蓄相对也比较少。消费观念紧跟潮流，注重娱乐产品和基本的生活必需品的消费。随着年龄的增长，赚钱能力也逐渐加强。总体来说，风险承受能力是比较强的。

此时，可以选择"单身型"基金组合方案，以积极投资为主，增加股票型基金资金配置，配以债券型基金、配置型基金等其他类型基金。充分分享股票市场伴随中国经济快速发展而获得的收益，积极谋求资本增值的机会。

2. 白领精英型

如果您属于追求较高风险水平，获取较高收益的投资者，尤其是那些收入稳定、工作繁忙、短期内没有大量消费支出，想稳步提升个人财富数量的白领人士。可以选择白领精英型组合，以股票型基金和配置型基金为主，债券型基金为辅，兼顾风险控制条件，谋求资产长期稳定增值。

3. 家庭形成型

如果您是追求中等风险水平，获取较高收益的投资者，尤其是那些资金实力虽然不强，却有着明确增值目标和风险承受能力，同时短期内有生育孩子计划的年轻家庭，可以选择家庭形成型组合。家庭形成性组合，以配置型基金为主，兼有股票型基金和债券型基金，有利于基金资产稳定增值，以备增添人口支出和资产增值需求。

4. 家庭成长型

如果你已经成家，并且有了未成年的子女需要抚养。那你就属于上有老下有小的"夹心"一族，家庭、工作的压力都比较大。因为我们在这一阶段时，经济状况尚可，消费习惯稳定，并且这一阶段正处于家庭生命周期的成熟期，风险偏好受到家庭整体的财务状况比较大，因此，风险承受能力也因家庭财务状况而定。

如果我们追求中等风险的资产保值增值，尤其是中老年的投资者，既不愿意承担较高的风险，又期望资产能够达到保值的目的，同时还要保证应急使用。这种情况下，资产配置应以低风险的债券为主，少量组合配置型基金，可以取得资产平缓增值。

5. 退休养老型

这一年龄层的人们基本已经退休，子女已经成年并且独立生活。处于这一阶段的人群收入大幅度地减少，收入来源仅仅是每个月的退休金，只能应付日常的家庭支出。由于已经退休，未来收入的增长空间有限，因此在投资的过程中，资金的安全性极其重要。可以设置如下方案：积极型40%、稳健型30%、储蓄替代型30%。这一类组合，资产配置以低风险的债券基金和准货币市场基金为主，既可以取得平缓提供资产增值的可能，又可在利率下降时依靠储蓄基金来锁定收益。

此外，我们应当按照一定比例分散投资于不同的基金公司。某个基金公司也许很优秀，但是，我们不能排除它出现经营管理、人事变动等问题而导致业绩下滑。分散投资于不同的基金公司可以有效降低基金公司的管理风险。所投基金或基金公司的相关性越低越好。

人生各阶段的基金组合

身处不同的人生阶段，就应该有不同的资产组合。对于处于青年期（20~30岁）的投资者，没有经济负担，有能力承担较高的投资风险，那么在投资组合中可以配置较高比例、流动性好的风险类产品，较少配置债券类产品；对于处于壮年期（30~50岁）的投资者，当期现金流充足，但财务负担也相应增加，因此可以考虑中长期（投资周期在3年以上）的投资风险类产品，同时在债券类产品上保持较好的流动性；对于老年期（50岁以上）的投资者，控制风险将成为首要考虑的目标，可以考虑较高比例配置债券类产品，较少配置投资周期在3年以上的风险类产品。

下面我们将根据上述所划分的三个阶段，讲解这三个阶段我们应该怎样进行投资基金的组合：

一、青年期如何构建有效的基金组合

1. 确定自己的最佳资产组合

一般很多这个阶段的投资者都是股票和基金同时炒，这就涉及二者的合理搭配问题。对于初入股市、资金也较少的投资者来说，由于经验不足，加上抗风险能力不高，选择基金和股票各一半的组合方式较为理想。

在实际操作中可根据实际情况，灵活做小幅度调整。例如，当大盘稳定的时候，股票基金各一半；大盘不稳的时候，基金占到75%，股票占25%。对于债券在配置中的比例，一般而言应与自己的年龄相当。比如，如果你今年25岁，那你持有的债券最好占总投资额放入25%左右。如果想得到更精确一些的配置比例，可选用一些资产配置工具获得相关配置建议。在基金种类的配置上，由于封闭式基金在上涨的时候，风险比较高，所以配置上比例应少一些。

2. 围绕最佳核心基金建立投资组合

对于资金不多的年轻人来说，基金组合中至少应包括占整个组合50%以上的核心基金，核心基金应该是业绩稳定、长期波动性不大的基金。这就要排除那些回报波动很大的基金，例如前一年回报为前几名，第二年却跌至倒数几名的基金。

为了尽可能地降低信用或利率风险，期限在1年以上、10年以下的中期类债券基金为最佳选择，而不要为获得更多利润冒险选择风险性较大的债券基金。在股票基金方面，从成熟市场的经验看，由于行业基金或小盘股波动性较大，很不稳定，风险较大，最好选择较为安全稳定、抗跌性较强的大盘价值型基金。

3. 基金组合中定期定额投资不可或缺

尽管定期定额投资不一定会带来最大的投资回报，但这种兼具储蓄、理财的投资方式对于资产不多、经验不足的年轻人却是一种不错的选择。在没有时间研究经济涨跌和市场多空的情况下，此方法可以分散风险、减轻压力，不仅会在市场下跌的时候增加你的基金份额，也会在基金表现欠佳的时候减轻你的损失，同时基金公司通常都会取消投资者的最低投资额限制。

因此，定期定额投资基金常被称为"小额投资计划"。但要注意，定期定额投资适合于净值波动较大的基金，如果投资于债券型基金或货币市场基金，获利的机会反而较小。

二、壮年期如何构建有效的基金组合

选择债券类投资产品会保持资金较好的流动性。壮年期（30~50 岁）投资者，有更多的精力来进行投资理财，但是也应该认识到，高收益其实意味着高风险，所以应当先了解不同的债券产品的特点。

债券类理财产品的优势表现在：一是多数投资期限选择多样化，比如 7 天、14 天、28 天等；二是有很多滚动型产品，只要你不向银行提出赎回，资金会在投资到期后自动进入下一轮投资。这种省事、持续投资对壮年期投资者很热销。

壮年期投资者无论是在经济条件或经验上相对来说很成熟，在家庭责任方面以简单、稳步、持续为前提来选择产品。经济条件差一些的投资者通过以下几个步骤，即使资产不足 3000 元也可以构建出一个简单、有效的基金组合。

第一步，了解资产配置。在基金资产配置中，债券基金是股票基金防守的后卫，构建一个合理的基金组合，后卫是如此之重要。投资者对债券基金的"后卫"功能有一定认识，但对其作为中长期资产配置的工具角色，仍然在受到市场风险的惩戒后，才想到它的妙处。

债券基金的合理配置，可以大大降低基金投资组合在下跌和震荡市场中所面临的风险。

需要提醒的是，你还必须配置一定的资产于高流动的品种（如货币基金），以备不时之需，一般建议预留 3~6 个月的生活开支就够了。

第二步，稳固型低投资者。基金组合中要拥有一些资产分散、经验丰富的管理团队和长期稳定的风险收益配比的核心基金。对资产不多的投资者而言，还需增加一个条件，也就是其最低认购额要尽可能的低。

投资者可以有选择地将优质的债券型基金纳入基金组合，并稳定持有，以便于有效地降低组合的波动性，提高组合收益的稳定性。为了尽可能地减少相关成本，在挑选基金时就要考虑各项可能发生的费用，优先考虑费用低的基金，可降低相关成本。比如，购买一只资产分配比例符合投资者要求的配置型基金，要比购买一只股票型、一只债券型基金要好得多。

第三步，长期持久型定期、定额投资者。有的基金会推出定期、定额投资计划，对参与的投资者会大大降低最低的申购金额要求。这样，年轻的投资者在构建组合的时候可选的品种就大大增加了，就可以做到更高质量的分散化投资。

定期、定额投资的优点：

（1）定期投资，积少成多；

（2）分期投入，分散了投资风险；

（3）"定投计划"收益为复利效应；

（4）通过利滚利，复利效果越明显；

（5）自动扣款，手续简便。

三、老年期如何构建有效的基金组合

1. 切忌押上毕生积蓄投资基金

中老年人可以把基金理财作为理财的一种方法，但不是唯一的方法，不能把自己所有的资产都押在这个上面。一般情况下，不同的投资者，由于投资期限、财富多少和风险承受能力不同，资产配置目标也会千差万别。年轻人愿意在高科技类股或新兴市场上多下点注来获得较高的投资回报。而中老年人在追求资产保值增值时更应该注重稳当与安全，一旦发现当初的投资组合不能很好地符合自己的稳健理财目标时，就必须对原有的投资组合进行调整。

2. 精心选择替代品

假如处于老年期的投资者想用现有的品种来替换一些业绩更好和更有潜力的基金品种，有一些相关专业网站的基金搜索器可以提供这一服务。基金搜索器可以帮助我们自动从数量繁多的基金中选出为数不多符合投资者需求的基金。我们还可以利用一些专业网站的基金管理器将选出的基金加入原有的投资组合中，透视新组合的资产配置比例和投资风格等，以供参考。

最后，为了保障退休基金组合的安全，我们还要检查一下自己是否持有许多风格相同的基金，在这种情况下，我们可以将自己持有的基金按风格分类，并确定各类风格的基金比例，投资相同风格的基金较多时，应适当对投资组合进行压缩，以满足投资的多样性要求并降低风险。

第六章　14%债券

——收益与风险结伴而行

对比其他理财工具给债券"发奖"

　　林森池是一名平民资本家。他最辉煌的战绩是：20 世纪 80 年代初，买入美国政府国库 30 年债券及相关的"零息债券"，如今已经赚到本金的几十倍利润。

　　林森池说："假设以 100 万元本金，以 15 厘复式计算，30 年就是 6000 多万美元。"当年美国处于"三高一低"的困难时期：通胀高、利率高、失业率高以及低增长。而在 1981~1984 年，30 年期的国库债券，利率徘徊在 12~15 厘。林森池意识到：这是一个千载难逢的时机。

　　他翻查了美国历史，发现美国自立国以来，只有在 1861~1865 年的南北内战期间，才出现过通货膨胀失控，而且在 20 世纪初成立美联储来控制货币印量和遏止通货膨胀。一个问题是，美联储的权力甚至比总统还要大，这意味着美国政府不会坐视通货膨胀不理。另一个问题是，美元是否会贬值？他再分析美国的社会及政治状况："美国总统是民选的，卡特总统被视为软弱，无法解决经济困局，所以一定无法连任。代表共和党的里根当选后，他的内阁与智囊团成员，大部分都是顶尖私立大学训练出来的精英，万一他们的教育制度破产，由精英管治的社会便会崩溃。"

假设成立，他再计算美国大学的学费："20世纪80年代哈佛大学学费要1年3万美元，假如1年有12%通货膨胀而美国政府无法控制的话，30年后学费要上升到一年100万美元，就没几个人能读大学了。"所以他相信，美国政府一定会尽力保住美元的购买力。

分析完毕，林森池以毕生积蓄300万美元投资美国30年期的国库债券及相关的零息债券。本利滚存，时至今日，这批债券的价值已经超过1亿美元。该项投资已确定为将来捐赠给香港大学的资产。

债券已经成为我国广大投资者的一个重要投资对象。当然，投资对象绝不仅仅只有债券一种，本书后面会陆续讲到其他还有银行存款、股票、保险等。那么，投资者投资债券的优势是什么呢？通过与其他理财工具相比，我们也给债券发"奖"。

1. 投资债券具有一定的收益性

简单地说，投资债券不仅可以获得利息收入，还可能获得购买价格和到期本金之间的差额收益。与银行存款相比，投资债券的收益具有其特征。投资债券所获得的收益要高于银行存款获得的收益。目前，无论是国债券还是企业债券，其票面利率都要高于同期的银行存款利率，而且银行存款利息要缴纳所得税，而国债利息收入可免缴所得税。

2. 投资债券具有比较高的安全性

所谓安全性，是指债券投资者能够按照债券约定期限、到期条件收回本金并获取利息的可能性大小。相对于股票而言，债券是有确定利息的有价证券，它必须按事先预定的时间、利率支付利息，与债券发行者的盈利状况无关。而股票的收益受到股票发行者盈利状况的影响，因此，投资债券的安全性要比股票高，风险要比股票小。不仅如此，投资债券的安全性也并不见得比银行存款来得差。很简单的一点，投资国债券的风险几乎为零，要比投资银行存款还小。投资企业债券安全性要稍微差一点，因为企业可能到期无法还本付息，但是与投资股票相比，风险仍是比较小的。

3. 投资债券具有期限性

由于债券具有事先约定的到期期限，因此，投资者可以根据自己的资金使用时间做出合理的安排，从而既能保证获得比较高的收益率，又能保证按期收回本金和利息。虽然债券还本付息的期限多种多样，如短期债券的还本付息期限只有几个月，而长期债券的还本付息期限可达二三十年，但无论时间长短，债券的还本付息期限是固定的，投资者持有债券后，就能按照约定的期限收取利息，并在到期时收回本金。这种期限性有利于投资者对投资资金的使用作出合理安排，这是投资债券与投资股票的一个重要区别。

4. 投资债券具有一定的流动性

这是投资债券与投资银行存款相比所具有的最大优势。所谓流动性，是指在不受损失情况下的变现能力，投资债券的流动性就是债券投资者能及时把债券变现而又不在价格上吃亏。

显然，投资债券的流动性要远远高于银行定期存款。如果投资银行定期存款并且在到期之前需要将其变现（从银行中提取现金），那么存款人在利率上会遭受很大的损失。

相反，如果投资债券，那么在卖出债券、取得现金的变现过程中，投资者受的损失是很小的，因为无论是国库券（国债券）还是企业债券，一般都有比较活跃的交易市场，有的可以在证券交易所挂牌交易，有的可以在一些证券公司或商业银行的柜台挂牌交易。

总之，投资债券，比银行存款收益性高、流动性强；比投资股票安全性高，时间规划性强。事实上，投资债券的理由还不止这些。例如，对不熟悉股票知识，但又不想把资金存入银行的投资者来说，债券几乎是最好的选择。

投资者如何参与债市

如今人们生活水平不断提高，除了满足个人生活需要外，家庭的剩余资金需要寻找出路，金融投资乃是一条理财之路。假如我们有100万元的闲置资产，在理财时组合得好的话，每年能产生20%以上的利润。这比拿这笔钱办一家公司要省力得多，既不要办营业执照，也省得与各方面的人打交道，仅凭个人的智力就能开展"经营活动"。所以说，一个好的理财计划就等于开了一个公司，资金的统筹均由一个人全权掌握，这是一种智力型的"头脑公司"。

就中国目前市场背景而言，个人金融投资理财最方便的还是两个渠道——国债和股票。如果在这两个投资领域中合理组合，就可能使我们获利匪浅。

股票投资尽管可能使你快速致富，但毕竟风险也大。而债券投资具有安全性好、保值性强且流通方便的特点，比较受工薪阶层投资者的欢迎；但债券投资也有一定的风险，主要还是表现在易受利率波动因素影响以及通货膨胀等经济因素的影响。债券投资虽然不如股票投资那样刺激且惊心动魄，但毕竟是一种安全的资金避风港。

自 2009 年以来，债券市场取得了长足的发展，债券品种也从原来的国债、政策性金融债、企业债和可转债扩展到次级债、普通商业银行金融债、外币债券和企业短期融资券。面对种类繁多的债券品种，投资者不免眼花缭乱。那么，究竟哪些品种投资者可以参与呢？

实际上，不同债券流通场所决定了个人投资者介入债市的途径。投资者要想在债券市场有所斩获，方式有两种：第一种是持有到期获得利息收入。第二种是像"炒股"那样，在二级市场买卖债券。我国债券市场分为交易所市场、银行间市场和银行柜台市场。目前，个人投资者可以参与交易所市场和银行柜台市场，而银行间市场的交易者都是机构投资者，个人尚不能直接参与。

1. 交易所

目前在交易所债市流通的有国债、企业债、可转债和公司债等。近期火暴发行的公司债就都是在交易所发行上市的，由于票面利率较高，而得到了个人投资者的热烈追捧。

在交易所市场里，个人投资者只要在证券公司的营业部开设债券账户，就可以像买股票一样的来购买债券，包括"打新债"，并且还可以实现债券的差价交易，交易最低限额是 1000 元。

2. 银行柜台市场

投资者通过银行柜台债券市场可以投资的债券品种有凭证式国债和记账式国债，其中凭证式国债不能流通转让，适合中老年个人投资者，记账式国债则可自由买卖，流通转让。

个人可在相关银行开立记账式国债账户并进行记账式国债柜台交易。银行根据债券市场变化情况自主制定并调整债券买卖价格。投资人即使在发行期间没有买到国债，也可以在发行结束后，通过商业银行柜台随时买卖国债。由于承办柜台交易的商业银行均为银行间债券市场成员，商业银行可以根据需求情况及时通过银行间债券市场买进国债，再通过柜台卖给投资人。

此外，个人投资者还可以通过柜台购买凭证式国债，这种品种流动性差，仅面向个人投资者发售，更多地发挥储蓄功能，投资者只能持有到期，获取票面利息收入。

3.银行间市场

个人投资者要想参与更广泛的债券投资，就只好到银行间市场寻宝了。除了国债和金融债外，2010年债市创新的所有品种都在银行间债券市场流通，包括次级债，企业短期融资券，商业银行普通金融债和外币债券等。这些品种普遍具有较高的收益。

目前，银行间市场的债券存量占了我国债券存量的绝大部分，除了国债和金融债外，次级债、企业短期融资券、商业银行普通金融债和外币债券等都只在银行间市场交易。这些品种普遍具有较高的收益，流动性强，不过个人投资者尚不能直接投资。但这并不意味着个人投资者无法参与到银行间债券市场。个人投资者可以通过储蓄存款、购买保险、委托理财等渠道，把资金集中到机构投资者手里，间接进入银行间市场。今年以来，随着股市的大幅下挫，债券型基金受到了个人投资者的青睐。

一、投资者如何投资债市

我们在购买债券时需要决定的有：债券的品种、债券的期限、债券的利率水平、购买债券的时机以及债券投资在我们总投资中所占的份额等。

首先，我们应该确定，投资债券的最终目的是为了获取利息还是谋取差价。以获取利息为主要目的者，大多是在购买后即准备长期持有直到兑付，所以应选择收益率较高的债券；而希望从中获取差价的人，则可以选择流通性好、波动比较大的短期债券。

投资之前，我们应事先了解欲购买券种的发行人、发行日期、起息日期、期限、利率水平、计息方法等。并计算其年收益率，与其他券种作比较。

买新发行的券种一般是比较好的选择，因为新券种一般是根据当时的市场情况确定其发行的各个要素的，所以大都比较切合实际。像国库券在发行时还可以免交手续费。但是，也有的券种因为上市前利率水平定得不合理，出现一上市就出现价位倒挂的现象。

例如 1998 年 3 年期国债上市后价位就不足 100 元。所以我们应事先了解情况，做到胸中有数。

对债券价格影响最大的是银行利率，当银行利率上升时，债券的价格下降；而当银行利率下调时，债券的价格就上涨，因为大多数债券的利率是早已固定了的。

那么利率调整时对长期债券的影响大还是对短期债券的影响大呢？我们可以看到，利率调整对长期债券的影响更大一些。例如 1997 年 10 月初上市的 10 年期国债，在短短的 3 个多月中，价格上涨了 20% 多，年底收盘价达到 123 元。

其原因在于每次利率调整时虽然可能该利率只在一段时间内起作用，但人们会认为今后该利率将保持很长时间。这样，当银行存款的利率下调一个百分点时，债券的收益率也改变一个百分点，那么短期债券就可能变动 1~2 元，而对于 7 年、10 年的长期债券来说，其价格就可能变动 5 元甚至 7~8 元。

所以，如果在未来一段时间内银行利率下调的可能性大，在长期债券和短期债券收益率相差不大的情况下，我们应该买入长期债券，可以获得较高的收益，无论是长期持有还是短期持有都是如此。例如有一种 1 年期和一种 7 年期的国债，两者的收益率都是 7%，这样即使是短期持有，如果在持有期间银行

2. 物价因素，一般也称为通货膨胀风险

当物价上涨时，货币的购买力就下降，从而引起债券投资收益的贬值。如我国某银行机构在 1991 年曾发行了期限为 3 年、年利率为 10% 的金融债券，由于 1994 年的通货膨胀率高达 24%，该债券在到期兑换时的实际购买力和 3 年前相比就大打折扣。当然若购买的是保值债券，就不受到物价因素的影响。

3. 公司的经营风险

在持券期内，若发债企业由于经营管理不善和债务状况等原因造成企业的声誉和资信程度下降也会影响二级市场债券的价格，从而给投资者造成损失。

4. 流动风险

指投资者将债券变现的可能性。市场上的债券种类繁多，所以也就有冷热债券之分。对于一些热销债券，其成交量周转率都会很大。相反一些冷门债券，有可能很长时间都无人问津，根本无法成交，实际上是有行无市，流动性极差，变现能力较差。如果持券人非要变现，就只有大幅度折价，从而造成损失。

5. 违约风险

违约风险是指发债公司不能完全按期履行付息还本的义务，它与发债企业的经营状况和信誉有关。当企业经营亏损时，它便难以支付债券利息；而当偿债年份企业盈利不足或资金周转困难时，企业就难以按期还本。需要说明的是，企业违约与破产不同，发生违约时，债权人与债务人可以达成延期支付本息的协议，持券人的收益可以在未来协议期内获得。而企业破产时则要对发债公司进行清理，按照法律程序偿还持券人的债务，持券人将遭受部分甚至全部损失。

6. 时间风险

债券期限的长短对风险是不起作用的，但由于期限较长，市场不可预测的时间就多，而越临近兑换期，持券人心里感觉就越踏实。所以在市场上，对于利率水平相近的债券，期限长的其价格也就要低一些。

了解了风险之后，为了权衡好风险和收益，我们给债券评评级。

我们到市场买大白菜容易辨认好坏，要区分债券的好坏则需要一定的专业知识和充分的信息。要判断某债券是优还是劣，违约可能性有多大，必须对发行该债券的企业进行系统、专业的分析。企业的资本状况、资产质量、管理效率、盈利能力、流动性水平，甚至企业管理者的素质、宏观经济未来走势等，都会影响企业最终还本付息的能力。所以，要区分债券好坏，需要专业人员和专业的评级机构。

目前，一般都是参照美国标准普尔和穆迪两家权威评级机构的做法，把债券信用划分为九个等级。

AAA 最高级：保证偿还本息。

AA 高级：还本付息能力高。

A 中上级：具备较高的还本付息能力，但与上面两者相比，易受经济变化的影响。

BBB 中级：具备一定还本付息能力，但需要一定的保护措施，一旦有变，偿还能力减弱。

BB 中下级：有投机性，不能认为将来有保证，对本息的保证是有限的。

B 下级：不具备理想投资条件 ，还本付息可能性小，有投机因素。

CCC：信誉不好，可能违约，危及本息安全。

CC：高度投机性，经常违约，有明显缺点。

C：等级最低，经常违约，根本不能做真正的投资。

有了债券评级机构，投资者就可以对不同等级的债券支付不同的价格：等级高的债券，价格高，而等级低的债券，价格低。有些发行债券的公司，如果你自身信用良好，利率就可以低些，发行成本也低；而如果自身信用不好，它们自然给出的利率就高，因此债券发行的成本也就高了。作为投资者，需要自已权衡好风险和收益。

炒活债券三部曲

鹏华基金固定收益部总经理初冬曾说过，对于普通的理财投资者来说，无论股市如何变化，债券都是投资理财的重要工具。目前中国债券市场发展迅速，未来几年债券仍具有良好的配置价值。

股市火暴之时，债券投资较受冷落。其实，很多股票自 2010 年年初以来的收益率逐渐为负，这对投资者伤害比较大。但是随着股市风险的不断积聚，对比债券从 2010 年以来相对平稳的业绩表现，债券这样的投资风格和产品特征越来越受到理财投资者的认可和追捧，债券投资在投资者眼里的位置显得重要起来。

相对于比较熟悉的股市，投资者面对债市时不免觉得有些陌生。在接触一个个形色各异的债券品种时，当初的选股经验已全派不上用场。炒活一只新股票，相对来说算是轻车熟路，那么面对一个新债券品种，投资者如何把它炒活呢？

下面为投资者介绍炒活债券的三部曲。

一、炒活债券第一部曲：提高流通性

很多债券投资者认为，债券投资就是在债券发行的时候买进债券然后持有到期拿回本金和利息。这样就忽略了债券的流通性，而仅仅考虑了债券的收益性和安全性。

债券的流通性就是能否方便地变现，即提前拿回本金和一些利息，这是债券非常重要的一个特性。很多债券由于没有良好的流通渠道，所以流通性极差。债券的流通性、安全性和收益性是紧密相关的。良好的流通性能够使得投资者有机会提前变现，回避可能的风险，也可以使投资者能够把投资收益提前落袋为安。

良好的流通性可以使得投资者能够不承担太高的机会成本，可以中途更换更理想的债券品种以获得更高的收益，如果能够成功地实现短期组合成长期的策略，中途能够拿回利息再购买债券就变相达到了复利效应。所以，债券的流通性是与安全性和收益性一样值得考虑的特性。

要提高债券的流通性，就必须有相应的交易市场。本章的前面说过，目前国内的三大债券市场是银行柜台市场、银行间市场和交易所市场，前两者都是场外市场而后者是利用两大证券交易所系统的场内市场。银行柜台市场成交不活跃，而银行间债券市场是个人投资者几乎无法参与的，所以都跟老百姓的直接关联程度不大。交易所市场既可以开展债券大宗交易，同时也是普通投资者可以方便参与的债券市场，交易的安全性和成交效率都很高。所以，交易所市场是一般债券投资者应该重点关注的市场。

交易所债券市场可以交易记账式国债、企业债、可转债、公司债和债券回购。记账式国债实行的是净价交易全价结算，一般每年付息一次，也有贴现方式发行的零息债券，一般是一年期的国债。企业债、可转债和公司债都采取全价交易和结算，一般也是采取每年付息一次。债券的回购交易基于债券的融资融券交易，可以起到很好的短期资金拆借作用。

这些在交易所内交易的债券品种都实行 T+1 交易结算，一般还可以做 T+0 回转交易，即当天卖出债券所得的资金可以当天就买成其他债券品种，可以极大地提高资金的利用效率。在交易所债券市场里，不仅可以获得债券原本的利息收益还有机会获得价差，也便于债券变现以应付不时之需和抓住中间的其他投资机会。

投资者只要在证券公司营业部开立 A 股账户或证券投资基金账户就可参与交易所债券市场的债券发行和交易。也就在 2010 年的时候，银行门口还会经常看到排队购买国债的长龙。很多人花一早上排队甚至从前一天的傍晚就开始排队，就是为了买上一些在银行发行的凭证式国债或电子储蓄国债，而对交易所内发行和流通的债券敬而远之。半年之后他们中的许多人就在火热的股市行情中急切地排队开立了股票账户，早已把当初对证券公司的恐惧和贬损抛到九霄云外了。

其实，证券不等于股票和基金，还包括债券，证券营业部里还有一个债券交易平台。这需要投资者对于证券营业部有一个平和的心态，才能更好地利用交易所的资源获得更多更稳的投资收益。随着公司债的试点和大量发行，交易所债券市场将会更加热闹。

另外，凭证式国债和电子储蓄国债也不是必须持有到期的，也是可以在银行柜台提前变现的，只是会有一些利息方面的损失，本金不会损失，需要交一笔千分之一的手续费而已。到底是否划算，则要看机会成本的高低了。

二、炒活债券第二部曲：注重关联性

债券和股票并非水火不容的，可转换债就是两者的一个结合体。可转债既有债券的性质，发债人到期要支付债券持有者本金和利息，又有相当的股票性质，因为可转债一般发行半年后投资者就可以择机行使转成股票的权利，债权就变成了股权，债券也就变身为股票。普通的可转债相当于一张债券加若干份认股权证，也有债券和权证分开的可分离债，两者同时核准但分开发行和上市。普通可转债是债券市场的香饽饽，发行时会吸引大量资金认购，上市后一般也会出现明显溢价，特别是在牛市的背景下，普通可转债的价格会随着对应股票的上涨而不断攀升。普通可转债的转股是一条单行道，转成股票后就不能再转回债券了，所以转股时机的把握是很重要的。分离型可转债的债券部分由于利息较低还要缴纳 20% 的利息税，所以上市后在很长的时间里交易价格都会低于100 元面值，而权证则会成为十分活跃的交易品种。

总的来说，投资可转换债券的投资风险有限，如果持有到期几乎就没有什么投资风险，但中间可能产生的收益却并不逊色于股票。所以，可转债是稳健理财投资者的绝佳投资对象。

三、炒活债券第三部曲：利用专业性

随着债券市场的发展，债券的品种和数量都会迅速增加，债券的条款会越来越复杂，债券的交易规则也会越来越多，这样债券投资就会变得越来越专业。那么，依靠专业人士来打理债券投资就有必要了，债券投资专业化会成为债券市场发展的一个必然趋势。其实，货币基金、短债基金、债券基金、债股混合基金和保本基金都是主要以债券为投资对象的基金。货币基金以组合平均剩余期限 180 天以内的债券和票据为主要投资对象，是一年期定期存款很好的替代品。短债基金以组合平均剩余期限不超过三年的债券为主要投资对象，理论上收益会比货币基金高一些。债券基金的债券投资比例不低于 80%，可以持有可转债转换成的股票。混合基金中的偏债基金也主要以债券为主要投资对象，同时还可以灵活地配置一些股票，也是风险较低的保守型基金。保本基金由于有保本条款，也是以配置债券为主的保守型资产组合。由于股市的大涨，这些基金的收益与股票基金或偏股基金的收益相比要少得多，规模也出现比较大的萎缩。但是，公司债的试点会带来债券市场比较大的发展，股市风险的逐步堆积也会让这些基金成为投资者的理想避风港。

第七章　9%养老金

——人退休了钱不退休

早想早准备，安度金色晚年

如果说退休前是财富的积累期，那么退休后则是财富的高消费期，而且是抗风险能力逐渐减弱的非常时期。当养老成为被广泛议论的话题后，种种传言和想象让我们对年老的日子充满恐惧。

事实上，我们都不希望晚年过得过于拮据。有人这样说："不知道自己能够活多久，退休后再活 20 年还是 30 年？需要多少钱才足够养老？"但换个角度想：如果我们从现在开始就为退休后的生活细心规划、积极理财。那么，到退休时，我们既积累了丰富的人生经验，又可拥有一笔可观的财富，能够从容地享受生活，从容地做自己想做的事。那样的话，你还会为退休后的生活担忧吗？

有人说最难做的理财之一就是养老金规划。一个人从青壮年开始所做的各种投资保障规划中，有相当一部分就是为自己退休以后的日子作打算。什么时候开始准备养老？实际上是越早准备越好，一般 25 岁以后就可以慢慢考虑这个问题了。

52 岁的王大爷在五年前就开始规划自己的退休生活开支。他的爱人目前从事部分时间的工作，收入不多，因此他在规划退休生活开支时也把妻子的开支计算在内。

王大爷打算一直工作到 62 岁，也就是说他还剩下 10 年的工作生涯。10 年后，他必须有足够储蓄应付夫妻二人接下来 20 年的退休开支。王大爷目前月收入 3000 元，估计自己退休后每月需要至少七八百元的生活费。

下面来看一下王大爷为退休生活做了哪些准备：

（1）18 年前王大爷为自己购买一份人寿保险。除了为以防万一，确保自己和家属有财务保障外，王大爷也把它当成是长期储蓄计划。按照初步估计，在 62 岁终结保单时，他能取得约 5 万元现金。

（2）王大爷上个月购买一份 2 万元的投资基金，10 年后即 62 时岁投资期满时，估计可获得本金外加 5000~6000 元的利润。即使投资不赚钱，至少还能取回 2 万元本金。

（3）王大爷决定在 55 岁时不领取最低存款以外的公积金存款。他不想用自己的血汗钱冒险投资，把整笔钱留在退休户头内还能赚取 4% 的利息。

这样，王大爷到 62 岁时他的退休户头内将有大约 10 万元存款，他每月可提取七八百元，为期 20 年。刚好足以应付他和爱人的基本生活开支。

到时，加上终结保单所获得的 5 万元现金和投资基金期满后的 26000 元，他手上将有充裕款项应付日常生活以外的开支，王大爷可以用在和妻子旅行和休闲类的花费上。

王大爷虽然收入一般，但他尽早地把 10 年后的退休生活规划得井井有条。所以说，要想退休后的生活有保障，那我们就应该提早做好准备。

时下的年轻人应该明白，未来的养老金收入远远不能满足我们的生活所需。退休后如果要维持目前的生活水平，在基本的社会保障之外，还需要自己筹备一大笔资金，而这需要我们从年轻时就要尽早进行个人的理财规划。我们进行养老理财规划时，首先就是要考虑选择什么样的理财产品。

下面就介绍几种适合用于养老理财的产品。

一、储蓄

由于其低风险、能保本的特征，一直是深受保守型投资者青睐的资金投资方式，是退休金筹划中必不可少的一项。

很多人都以活期储蓄的形式来配备应急资金，但按照最新的活期存款 0.82% 年利率、5% 利息税来计算，1 万元存 1 年的税后利息仅为 77.9 元。但是不准备应急资金，遇到突发事件时又不知所措。针对这种情况，银行已经推出了收益较好、流动性也较强的产品来代替活期存款。

二、基金定投

投资基金是一种常见的理财方式。它具有投资起点低，管理水平高，收益共享，风险分担和灵活方便等特点。对于采取定期定额小额注资的投资策略，专家将其称为"基金定投"。

基金定投最大的好处是可以平均投资成本，自动形成逢高减筹、逢低加码的投资方式。长期下来，时间的复利效果就会凸显出来，让平时不在意的小钱在长期积累之后变成"大钱"，充分保障养老金的需求。

假如，你从 30 岁开始，每月定投 1000 元，选择稳健型基金，假设年收益率平均为 6%，在 60 岁退休的时候，就能积累起超过 100 万元的养老基金。

基金定投的神奇功效就在于其复利效应。从投资学角度来讲，资金经过长时间的复利，累积的效果会非常惊人。从历史资料来看，英美股市的长期平均年报酬率高于 8%。在一个长期发展阶段看，一国经济总是会逐步增长的。所以说，只要有一定的时间积累，基金定投就能将复利效果发挥到极致，平均成本法和时间魔力可使投资者获得可观的回报。

三、保险

保险是国内外流行的养老产品，被称为社保之外的第二笔养老钱。经过多年的发展，国内目前的商业养老保险产品已经渐成体系，产品线非常丰富，目前市场上比较流行的商业养老保险产品有两全保险、万能险、投连险等。保险作为一种养老工具，拥有很多优势。

（1）对于保障较少的人来说，可以通过购买养老保险再附加医疗、意外等保险，达到花较少钱获得较高保障的目的。

（2）保险可以作为一种强制性储蓄，一旦开始缴费，就要连续缴纳，直至期满，中途一般也不能提前提取，这样恰好就满足了养老资金"专款专用"的特点。

（3）养老保险大多兼具分红功能，通过分红，我们不但能获取收益，也能很好地抵御通货膨胀。所以，购买养老保险是一种理想的养老理财途径。

四、以房养老

房产可作为个人养老基金的补充。在理财师看来，年轻时，用结余的钱置房，年老时，靠经营房产如出租、出售、向银行抵押贷款等多种形式来补充养老金的不足。

从长远看来，房产投资是一种积极而有效的理财方式。年轻的你也许现在还没有意识到，今天你辛苦地供房，可能正是为将来的养老做准备。理财师表示，买房养老的好处在于：首先，买房具有强制储蓄的功能，每月必须支付一定比例的按揭款；其次，房价及租金价格与通货膨胀水平基本保持同步，能规避通货膨胀所带来的风险。

以上就是集中储备养老费用的常见方法，这些方法各有特点，我们在选择时要根据自己的情况进行投资。正所谓"人无远虑，必有近忧"我们还是要及早地规划退休后的收入来源，让我们的生活更加有质量。

退休规划的步骤

退休后的生活主要以安度晚年为目的，投资和花费通常都比较保守。理财原则是身体、精神第一，财富第二。保本在这时期是比较重要的，我们最好不要进行新的投资，尤其不能再进行风险投资。另外，在 65 岁之前，要检视自己已经拥有的人寿保险，并进行适当的调整。

我们在退休之后，由于一生的积累，多少会有一些存款或退休金，但面对市场经济的变化、通货膨胀和各项支出的不断增加，老年人家庭若希望生活更宽裕，同样也有"以钱生钱"的投资需要。

老年人家庭的投资应当优先考虑资产安全，以稳妥收益为主。目前投资工具虽多，但并不是只要投资就有钱赚。客观来看，风险承受度和年龄成反比。老年人一生积攒点钱实在很不容易，如果投资一大笔金额，一旦损失，对老年人的精神、对家庭的影响都比较大，所以要特别注意投资的安全性，不可乱投资。

如果你已接近退休年龄，可以将大部分资金配置在稳定、可以产生所得的投资上，如配息的股票、基金、债券或定存。

灵活运用投资策略。对于储蓄存款，当预测利率要走低时，则在存期上应存"长"些，以锁定你的存款在未来一段时间里的高利率空间；反之，当预测利率要走高时，则在存期上存"短"些，以尽可能减少在提前支取时导致的利息损失。除了存款外，老年人家庭也应该灵活运用投资策略。近来，各银行连续下调了存款利率，所以这时只把钱定存是不够的，国债、利率较高的金融债券应是老年人家庭投资的主要工具。

在做退休规划时应遵循以下原则：

一、退休规划要注重"三保"原则

投资理财是退休规划不可忽视的一环，从事退休后的投资理财计划，最重要的观念是保本、保值、保障。

所谓保本，就是资产不大幅缩水。最保本的投资工具，就是银行定期储蓄存款，其次是货币市场基金，至于保本型基金和连动式债券，则只保证一定比例的保本功能。

保值，则指通过投资合适的投资项目所产生的资本增值，如固定收益型投资工具，目前以债券型基金最为普遍，另外，出租房地产出于按月领回租金（现金居多），资本增值方面几乎无风险，也是属于保值型较强的投资工具。

保障，则强调个人或他人生命财产安全的退休理财观念，尤其是针对退休族而言，目前提供保障功能的理财工具，以保险最为显著，只要理财规划中纳入保障要件，不但无后顾之忧，也能使理财规划更具完整性。

另外，随着社会环境和经济的发展，这些退休计划也应该相应做出一些调整。

二、提早确定退休总体目标

退休目标是我们所追求的退休之后想达到一种什么样的生活状况。我们可以将退休目标分解成两个因素：退休年龄和财务目标。

（1）我们要估计好自己的退休年龄，因为确定了退休年龄，就意味着确定了个人的剩余工作时间。大部分员工都会在60岁时退休，女性甚至会在55岁就退休。

（2）我们要确定好退休后的财务目标。一个人退休后的生活方式和生活质量应当是建立在对收入和支出进行合理规划的基础上，不切实际的高标准只能让你的退休生活更加困难。

在制订退休计划时，一定要特别警惕为了短期利益而损害退休生活的行为。应当指出，在退休年龄和财务目标两方面的要求并不是孤立的，它们之间相互关联，例如为了获得更多的时间享受退休生活，您可能不得不降低退休财务目标，而为了追求更高质量的退休生活，您则必须延长时间，推迟退休年龄。

三、准确预测我们的退休收入

我们的退休生活最终都要以一定的收入来源为基础。构成个人退休收入的主要来源是社会保障和个人自筹。事实上，我们的退休收入除了以上两类之外，还包括企业年金、其他人寿保险、鳏寡孤独补助、投资收益、储蓄、兼职工作收入及资产出售收入等。

在所有这些项目中，社会保障和企业、雇主发起的退休金计划往往是最基本也是最重要的两种退休收入来源。所以，必须对退休收入有一个准确相近的计算，既不要算多造成退休的时候计划无法执行，也不要算少引起目前不必要的财务紧张。当然，我们在年轻时候就应该对未来养老的收入状况做到胸中有数。

四、选择合适的理财工具进行主动投资理财

根据财务目标和收入预测，再经过准确的计算，就可以进行养老规划并设计自己的投资组合了。

中国目前的股票市场不是很稳定，我们可以投资目前房地产市场，可以进行出租或买卖，赚取收益。对于养老退休规划，一般还是建议以保守型投资为主。例如：购买凭证式国债是一种长期稳健的投资，利率与同期银行存款利率相当，可免缴 20%的利息税。

这类投资最为稳妥，但收益也最少，所以我们最好购买那种短期的国债，数额控制在投资资金的 10%以下。还有购买货币市场基金也是不错的选择，货币基金除了具有和银行存款一样安全的特性外，平均年回报率也高于银行一年

期定期存款。

在过去，退休依靠国家"老有所养"，每月定额的退休金加上少量的积蓄，足可轻松应付退休后生活开支。而目前无论是企业的退休金制度，还是国家的养老金制度，都在改革过程当中，如果想要提高退休后的生活质量，我们必须建立自己的养老账户，并不断地让这个账户成长，才能为老年生活提供更好的保障。

做一份完美的退休规划书

对于我们来说，提前做好退休规划是确保晚年生活无忧的重要保障。但是，很多人对于自己退休养老规划的观念却比较淡薄，有的人秉持"养儿防老"的旧观念，指望儿女给自己养老；有的人根本意识不到退休规划的重要性，对自己现有的财富疏于管理；还有的人则误认为社会保障能完全解决退休后的生活费用，因此觉得不需要尽早制订个人退休计划。

养儿防老不是错，参加社保也是养老的一部分，但这只能满足我们最基本的生活需求。要想自己退休后的生活过得有品质，我们还需另做规划，越早越好。因为对退休年龄、退休后的生活方式、财务目标等内容的提早确定，可以帮助我们将退休养老规划执行得更为顺利。

除了早规划之外，我们还需要注意以下几点：

一、退休规划书的制定要有弹性

在制订退休规划书时，我们理应根据个人的需求和实际能力而定。也就是说，退休规划应具有一定的弹性，这样便于我们日后根据环境的变动做出相应的调整。

二、注意退休金使用的收益化

我们可以根据自己退休期资金的使用情况和风险承受能力来合理地利用退休金进行投资。但是风险与收益并存，投资高风险的理财产品往往需要较长的时间才能够获得较高的收益，所以建议大家最好选择去投资风险较低的产品。

三、制定退休规划书时要谨慎

对于退休后的生活方式和质量应当建立在对收入和支出进行合理规划的基础上。所以，在制订个人退休计划时，一定要谨慎。对退休生活的期望应尽可能详细，并根据各个条目列出大概所需的费用，据此来估算个人退休后的生活成本。

中央财经大学保险学院郝演苏教授曾经说过："20世纪50年代我国实行'高福利、低收入'政策，那一代人享受着比较完备的福利政策。而当前我国的社会保障水平还较低，应该提早做好养老理财规划。青年群体应该更早地为养老理财做准备。"

下面，我们通过一个具体的例子来说明如何做一份完美的退休规划书。

1. 王先生最初的退休规划

现年60岁的王先生与妻子有一套独立无贷款的住房，夫妻两人都有医疗保险，两人每年的退休金约8万元。目前的主要现金资产约260万元，其中180万元用于股票投资，50万元购买了信托类的固定收益产品，此外还有 30 万元的活期储蓄。

王先生非常重视生活质量，除了基本生活支出外，他每年还要和妻子出国旅游一次，闲暇时还会与朋友们参加一些老年活动。全部费用一年大约在 20 万元。

作为退休后的理财计划，王先生上述的资产配置显然不是非常合理。因为其中超过 70% 的资产投资在风险较大的股票市场。而王先生这个年龄段并不适合过多追求高风险和高收益的产品，一旦投资失败，自身退休的生活质量也将受到较大影响。较为合理的公式是按 "100 减去年龄" 之后的比例用于浮动收益类投资。

2. 王先生的退休规划的调整

由于老年人的风险承受能力比较低，所以，退休后的投资一般以保本的固定收益类为主。王先生的保本固定收益类产品可以占资产总额的 60%，既要保本，又要有稳定和满意的收益回报。产品方面，可以选择配置保本型变现灵活的银行理财产品，占总资产的 8%，另外一部分配置一些固定收益类的信托产品，占总资产 52%。

除此之外，就是浮动收益类产品。这部分配置要尽量分散，这样能够较好地规避投资风险。其选择的范围较大，可以考虑股票、公募型基金以及一些稳健的创新性理财产品，占总资产比例为 39%。剩余的 1% 为现金类，如果需要可以从固定收益类的银行理财产品中随时变现。

经过调整后的退休规划明显比最初的规划完美了许多。调查显示，随着生活水平的不断提升，人们对退休生活的要求越来越高，因此越来越多的人意识到，除了可以保障退休后基本需求的养老金之外，自己的财务准备也非常重要。

对于养老资金的筹备，越早开始打算，回报可能越高。比如，王先生31岁的时候开始储蓄，每月储蓄5000元，而当前的1年期存款利率为2.25%，暂不考虑利息税，到65岁的时候，他一共储蓄了210万元，而利息收入则将是109.6万元。相比41岁才开始储蓄，在65岁的时候，储蓄比前一个方案减少了60万元，而利息收入却足足减少了58.1万元。

另外，如果我们想要自己的老年生活过的有品质，就要从现在开始，停止一些无谓的花费。美国一对40岁就退休的夫妇，工作20年，最高收入是每年127000美元，在短短20年中就积聚了50万美元的家庭净资产，而且有38万美元的退休基金和36000美元的银行存款，这一切主要归功于他们对消费的节制。

自从结婚后，两人就在家里自己煮饭，很少去昂贵的餐馆，买二手车开，趁商店大甩卖时购物……虽然这些做法看起来都是在省小钱，但积少成多，每个月他们能将收入的35%节省下来，投入退休计划中，日积月累，小钱就变成了大钱。

在理财生活中，决策未来生活福利的是4种不同资产构成的资产组合，即隐性资产（社会保障、国家医疗保险和雇主提供的退休金）、金融资产（证券投资、存款现金）、家庭资产（住房、汽车等个人固定资产）和个人资产（学识、技能和健康资本）。倘若我们及早地在退休前规划养老生活，充分运用个人资产为晚年提供保障及福利，那么享受幸福的晚年生活并不是一件难事。

退休规划师萨利·哈斯认为："退休人员既需要休闲活动，又要具备有意义的追求。"所以，老年人做退休规划除了要为退休生活储存金钱，还要储存健康的身体和良好的心态。

我国的社会保障体系

随着经济的不断发展，我国社会保障体系日趋完善，社会保障覆盖面持续扩大的同时，社会保障待遇水平也连年提高。如今，我国已经织成了一张坚实细密的社会保障安全网，尤其是国家近几年来对养老金的重视，大大提升了老年人的幸福指数。

我们通常把养老金称为退休金，它是一种最主要的养老保险待遇。国家有关文件规定：在劳动者年老或丧失劳动能力后，根据他们对社会所作的贡献和所具备的享受养老保险资格或退休条件，按月或一次性以货币形式支付的保险待遇，主要用于保障职工退休后的基本生活需要。

中共中央、国务院决定，从 2009 年 1 月 1 日起调整企业退休人员基本养老金。这在稳定人心，拉动内需，增强信心等方面必然要发挥出不可低估的作用，是特殊形势下，党和政府更加关注民生、关心弱势群体的具体体现。2010 年 12 月 22 日，温家宝总理主持召开国务院常务会议，决定再次提高企业退休人员基本养老金，提高幅度按 2010 年企业退休人员月人均基本养老金的 10% 左右确定，全国月人均增加 140 元左右。

自 2005 年起，国家已连续七次提高养老金和企业退休人员的总体待遇水平。养老金七连涨具有以下四个方面的意义：

（1）让退休人员共享改革发展成果的重要政策。

企业退休人员为我国社会发展、经济增长、国家富强贡献出了自己的力量。连续上调企业退休人员基本养老金让他们更加充分地共享改革发展的成果。

（2）让劳动者生活得更有尊严的物质保证。

物价上涨使人们现有收入的实际购买力下降。连续上调企业退休人员基本养老金让退休人员生活质量更高，活得更有尊严。

（3）促进社会分配更加公平合理的关键举措。

长期以来，企业退休人员退休金一直少于机关事业单位退休人员。连续上调企业退休人员基本养老金，有效地缓解了这种收入差距，让收入分配更加公平合理，有利于和谐社会的构建。

（4）扩大内需的先决条件。

近年来，内需不足问题制约着我国经济结构调整和科学发展的步伐。只有"老有所养"才能安心消费，连续上调企业退休人员基本养老金正是要把扩大内需战略真正落到实处。

由此可以看出，今后基本养老金主要目的在于保障广大退休人员的晚年基本生活。而对于我们来说，加入养老金计划是最重要的投资手段之一。下面，我们为大家提供一些养老金的计算方法：

参加市城镇企业职工基本养老保险社会统筹的人员，达到国家规定的退休年龄，实际缴费年限满 15 年以上的，按月计发基本养老金。根据最新的养老金计算办法：

养老金 = 基础养老金 + 个人账户养老金

个人账户养老金 = 个人账户储存额 ÷ 计发月数（50 岁为 195、55 岁为 170、60 岁为 139）

计发月数是国务院根据职工退休时城镇人口平均预期寿命、本人退休年龄、利息等因素，做的统一规定。退休年龄不满整年的余数，按 1 整年计算。

基础养老金 =（全省上年度在岗职工月平均工资 + 本人指数化月平均缴费工资）÷ 2 × 缴费年限 × 1% = 全省上年度在岗职工月平均工资（1 + 本人平均缴费

指数）÷2×缴费年限×1%

本人指数化月平均缴费工资＝全省上年度在岗职工月平均工资×本人平均缴费指数

在上述公式中可以看到，在缴费年限相同的情况下，基础养老金的高低取决于个人的平均缴费指数，个人的平均缴费指数就是自己实际的缴费基数与社会平均工资之比的历年平均值。低限为0.6，高限为3。

因此在养老金的两项计算中，无论何种情况，缴费基数越高，缴费的年限越长，养老金就会越高。养老金的领取是无限期规定的，只要领取人生存，就可以享受按月领取养老金的待遇，即使个人账户养老金已经用完，仍然会继续按照原标准计发，况且，个人养老金还要逐年根据社会在岗职工的月平均工资的增加而增长。因此，越长寿就可以领取得越多，相对于缴费来说，肯定更加划算。

例如：根据上述公式，假定男职工在60岁退休时，全省上年度在岗职工月平均工资为5000元。该男职工个人养老金＝基础养老金＋个人账户养老金＝基础养老金＋个人账户储存额÷139

累计缴费年限为15年，个人平均缴费基数为0.6时，基础养老金＝（5000元＋5000元×0.6）÷2×15×1%＝600元

累计缴费年限为15年，个人平均缴费基数为3.0时，基础养老金＝（5000元＋5000元×3.0）÷2×15×1%＝1500元

累计缴费年限为30年，个人平均缴费基数为0.6时，基础养老金＝（5000元＋5000元×0.6）÷2×30×1%＝1200元

累计缴费年限为30年，个人平均缴费基数为3.0时，基础养老金＝（5000元＋5000元×3.0）÷2×30×1%＝3000元

职工按月领取基本养老金必须具备三个条件：

①达到法定退休年龄，并已办理退休手续。

②所在单位和个人依法参加养老保险并履行了养老保险缴费义务。

③个人缴费至少满 15 年（过渡期内缴费年限包括视同缴费年限）。

目前，中国的企业职工法定退休年龄为：男职工 60 岁；从事管理和科研工作的女职工 55 岁；从事生产和工勤辅助工作的女职工 50 岁；自由职业者、个体工商户女年满 55 周岁。

下面是一些关于养老金的基本常识。

（1）养老保险缴满 15 年后不再继续缴费，可否申请退休？

不能。从参加工作之日起，就应参加养老保险且需连续缴费。在此期间，只有升学、入伍、判刑、劳教期间不缴费，领取失业救济金期间也可以选择不缴费，除此之外，应按规定连续缴费至法定退休年龄。

（2）如何确定养老金领取时间？

退休人员养老金从劳动保障行政部门审批退休的次月起开始领取。企业因各种原因逾期给职工办理退休，其退休时间以达到法定退休年龄时间为准，基本养老金的计发办法按达到法定年龄退休时基本养老金的计发办法执行。因企业原因使退休人员未能按时领取的养老金，由企业负担。

（3）企业退休人员因病或非因工死亡时应享受哪些待遇？

因病或非因工死亡的企业退休人员丧葬补助费按本市上一年度三个月在岗工资一次性发给；如果死亡人员有供养直系亲属，按本市上一年度十个月在岗工资发给一次性救济费。

对于养老金的计算方法、管理办法，以及国家调整方案，我们一定要确切地掌握，只有这样，才能更好地享受社会保障。

第八章 4%收藏品投资：
笑纳百金

走进收藏品市场

收藏品分为自然历史、艺术历史、人文历史和科普历史四类，具体分为文物类珠宝、名石和观赏石类、钱币类、邮票类、文献类、票券类、商标类、徽章类、标本类、陶瓷类、玉器类、绘画类。

"乱世黄金，盛世古玩。"据初步估计，近20年来，全世界艺术品市场每年的投资增长率超过30%，而中国的市场增长尤其迅速——从2003年到目前，收藏品市场参与人已经达到1993年的3倍。

物以稀为贵，收藏品的不可替代性和有限性，必然随着需求量的增加而增值。以中国画为例，现在市场中存在的齐白石作品大约为3万件，张大千大约为2万件，傅抱石只有3000件。作品数量与投资人的要求有着天壤之别，这就给投资收藏品的人带来了商机。

而收藏品市场之所以如此火暴，也在于它可观的回报，据专家介绍，现在市场上基金的回报率为 10%，股票的回报率为 20%，收藏品的回报率却为 30%。如此高的回报，使得许多投资人一夜成为百万富翁。

但是我们经常会在报纸上看到一些因不懂收藏品价值而将无价之宝贱卖给他人，或者花几十万元买了件赝品的故事，这充分反映了人们缺乏对收藏品的认识。收藏品有其独特的投资规律，如投资邮票不仅要关注它的发行量，还要关注品相，邮票的品相是其价值的根本。品相好是指票面图案清晰，邮戳少而轻，无缺损的邮票。如在邮票市场一枚品相上佳的《庚申猴》价值可达 2000 元，而品相一般的《庚申猴》却无人问津。

艺术品的升值潜力受其艺术价值的影响很大。比如名人的作品很受宠，但是名人的应酬之作升值潜力就没有保证；一些有潜力的中青年画家的优秀作品，几年之后却有可能升值。

印刷品则有不同的投资规律，比如出版的版次和印刷次数都会影响印刷收藏品的价值。我国知名杂志《读者》在其创刊十周年之际，就曾高价向社会征集创刊号。

可见，不同的收藏品领域有不同的收藏规律。初涉收藏市场的爱好者需要掌握这些规律才能在收藏品市场游刃有余。

那么怎样又快又稳地走进收藏品投资市场呢？对于不懂收藏品的朋友而言，投资时要以稳字当先，试想一个从未涉及收藏品领域的人一下子拿出几万元、几十万元做投资，风险不言而喻。投资收藏品属于中长线投资，不可能像股票一样一蹴而就，需要一个循序渐进的过程。下面我们给大家提供一条基本路径，以供参考。

1. 从小物品做起，熟悉行规

初涉收藏品的朋友，对收藏品的规律缺乏认识，常常会导致投资失利。为了避免这一情况投资者可以先从价值较小的大众收藏品做起，比如一些价格较为稳定的纪念币。这是初学者必经的一个过程，通过一年的投资可以了解收藏品的规律和途径，此期间千万不能心急，基础知识不扎实迟早会吃亏，俗话说"万丈高楼平地起"，投资也如此，只有扎实的基础才能将投资进行到底。

2. 增加投资数额和收藏品的难度

对某一门类的收藏品市场有了相当了解后，可以试着购买有一定艺术水平的收藏品。购买前后可以向专家请教，既可以学习知识，又可以防止买到赝品。这个时候就应该了解自己的投资兴趣，应该有目的地关注自己收藏品的信息。如果对瓷器感兴趣可以重点掌握瓷器方面的知识，有目的地发现有升值潜力的瓷器，并即时了解拍卖行情。

3. 大规模投资

经过前两个阶段的积累，这个时候就可以放手进行大规模的投资。此时可以根据经验选择一条适合自己的交易途径。一些人在投资收藏品时常会认为收藏品的线路越广，赚钱的机会就越大，但是多线投资的缺点是线路太多，会分散精力，常常出现顾东忘西的现象。这时投资者就应该分门别类，将收藏品系列化、专业化。河南一位玩家曾经专门收藏各式各样的绣花针，从古到今，已成系列，在收藏界引起了很大的轰动。系列化、专业化是保证收益的重要途径。

一万个人就有一万种收藏爱好，但这并不是说所有的物品都可以收集，收藏品是精品，有增值潜力才有收藏的价值。收藏品的价格主要由三个方面决定：

1. 收藏品本身的价值

收藏品本身的价值是价格的关键因素，收藏品的内涵、题材及其所代表的意义决定了它的价值。特别是一些具有历史价值，可以为后人了解社会历史发展的收藏品增值潜力很大。

2. 收藏品现有数量

收藏品的存世量也可以决定收藏品的价值,收藏品的数量越少,价值越大。现在许多人将存世量与发行量混为一谈,两者是不同的概念,存世量并不完全由发行量决定,发行量大,存世量未必大。有些收藏品因年代较久或人为销毁、遗弃等原因,而使得存世量减少。这就是为什么收藏品的年代越久价值越高的原因。一般收藏品的发行量越小,增值的潜力就越大。一些不可抗拒力因素而使得一些物品存量很有限,甚至是绝版,如王羲之的字帖,非常有限,他人已不在,字帖就不可能再生。

3. 收藏品流通性

收藏品的流通性指交易市场是否成熟,是否可以找到合适的买家及时售出。没有成熟的市场,收藏品就没有机会向世人展示它的风采。没有交易市场的收藏品如同没有舞台的演员,演技很高却没有机会表演。

投资收藏品时要从这三个方面来考察,只有如此才有可能在收藏品中获得收益。除此之外,投资者还要会分辨真品与赝品。据调查现在收藏品市场中90%的藏品是赝品,这就需要收藏者练就一双火眼金睛。

练就火眼金睛需要投资人从自己感兴趣的收藏品开始,可以广泛阅读相关书籍、史料等,可以系统地学习相关的知识,打下扎实的基础。还可以以收藏品会友,既扩大朋友圈,也可以互相学习,共同提高鉴赏水平。此外经常逛逛市场,参加展览和拍卖会也是学习的好机会。随着实践经验的积累,就会形成自己独到的眼光。

古瓷投资

在中国传统收藏品界，古陶瓷的人气最旺，艺术交易市场上更是高价频出。2001 年 11 月 25 日，云南仁恒在秋拍中，以咨询价推出的宋官窑琮式瓶以 1100 万元成交，这是国内高古瓷单件拍品成交首次突破千万大关；2005 年 3 月 31 日纽约苏富比的一件北宋定窑花口盘成交 152.8 万美元（约 1263 万元人民币），又一次给高古瓷市场注入强心剂。中国瓷器的国际市场行情只会越走越高，从而吸引了众多的投资者。

随着经济形势的逐步回暖，2009 年明清瓷器在收藏市场中表现抢眼。在香港苏富比春拍"中国瓷器"专场中，一件清乾隆粉青釉浮雕镂空长颈胆套瓶，以 4770 万元成交，创下单色釉瓷器拍卖纪录；在北京保利秋拍中，一件清雍正柠檬黄地洋彩浮雕花鸟宝瓶纹六方瓶以 6776 万元的天价成交。

1. 古瓷的分类

瓷器借鉴了陶器的诸般特征，可以说是由陶器演化而来的。中国的瓷器大致可以分为以下几类：

（1）青花瓷。元代，青花瓷制作有了飞速的发展，并为适应各地区不同的生活习惯而制作各种不同类型的青花瓷，其中最具有特色的纹饰是元末时期盛行的元代戏曲故事人物题材，无论是用笔、构图皆自然流畅，画面讲究情节性、戏剧性。另外还有文人鸟意式的花、草、松、竹、梅以及鸟、兽、虫、鱼等题材，均形象生动，情趣高雅。这一类纹饰华美繁复的元青花瓷在市场中价格高昂。

明代永乐和宣德年间是青花瓷的黄金时代，在器形上有所革新，如大型天球瓶、单面扁壶、抱月瓶、花浇、尖底莲子碗等都是元代没有的新造型。这一时期，出现了大量青花瓷精品，但由于传世数量不多，量少而质精，因而市价惊人。

清代的青花瓷器图案多为龙凤、缠枝莲、云鹤、花卉、山水等题材，做工精细、纹饰秀雅。清代康熙时期，官窑以发展单色釉为主，青花瓷则多为小型饰品及日常生活品一类，纹饰规矩、严肃，图案多为龙凤、缠枝莲、云鹤、花卉、山水等题材；而民窑青花瓷却呈现出活泼多样的风貌，不仅器型丰富，而且图案纹饰更具特色，大多采用满构图的设计，大量采用民间故事题材。

雍正时期官窑青花瓷制作基本上沿袭康熙时期的风格，但更趋向精致秀雅，并出现了大型陈设瓷器，如盘口弓耳瓶、如意耳瓶、贯耳瓶等。乾隆时期的青花瓷器是清初三代中纹饰最工整、繁复的。1990年3月，清乾隆年间的一只青花反口天球瓶，在香港佳士得拍卖会上，以高达183万台币的价格成交。

（2）斗彩。斗彩是由釉下青花和釉上彩绘结合而成的，从花纹图案看，所有的花纹都经过青花打轮廓线，再经由釉上彩绘将各种颜色填入轮廓线内。

在所有的斗彩瓷器当中，明成化斗彩瓷器最为人们珍重。青花色料在早期是用进口色料，色泽浓深有黑斑；晚期用产于江西饶州府乐平县的平等青，这类青花发色淡雅，透明度佳，很适合制造优雅细致的小瓷器。清斗彩则以雍正、乾隆两代最出色，而且喜欢仿成化，但又独具特色。青料是产于浙江的浙料，青花呈色层次分明，浓淡色调变化丰富。

近年来，拍卖市场上很少见到成化斗彩瓷器，大概收藏者都意识到其价值的可贵，不到非常时期不会轻易抛出。清三代斗彩瓷器的价格也是高居不下，为国际古董收藏家们争相收藏。

（3）珐琅彩。珐琅彩瓷的色彩稳定、鲜艳，画面表现细腻、层次分明，造型多以碗、盘、罐为主。现今传世的珐琅彩数量稀少、烧制精美，以清代雍正、乾隆为鼎盛时期。

康熙时期的珐琅彩瓷，多以蕃莲、牡丹、四季花等花卉为题材，款式有红款、蓝款、黄款，款文一律是"康熙御制"楷款。

雍正时期的珐琅彩瓷，以写生花卉为主要题材，并增加了兽鸟草虫的描绘，同时还出现了楼阁山水画题材，并且诗画并茂。其款式都很统一规整，都是仿宋体写法。

乾隆时期珐琅彩瓷除承袭雍正时诗、书、画统一的绘画风格外，更具备了富丽堂皇的风貌。款式都很工整，但形式、写法较雍正时期复杂。

（4）粉彩。清代的制瓷业，在中国传统的斗彩工艺的基础上，又发展出了粉彩，它以其独特的魅力和华丽的风格，在中国制瓷史上占有重要的地位。

清代官窑粉彩瓷器，款式多为青花常款。乾隆时期，粉彩红款瓷器数量颇大。一般情况下，雍正粉彩瓷器的款式为双圈青花六字楷款；乾隆、道光为六字篆款；嘉庆、咸丰、同治、光绪、宣统则为六字楷款。

2. 古瓷的鉴定方法

瓷器的新旧真伪本不难辨识，但世人多受蒙蔽，主要原因就是没有仔细考察。以下介绍几种鉴别瓷器真伪的方法：

（1）看底部。改换旧底是作伪的最妙方案，因为很多投资者都注意款识的真伪，以为款识真的，别的就不用考察了，因此其中作伪精细的，从外面很难察看出来，只要在瓷器内加碱开水冲刷，去除其涂抹的尘埃，接口处的痕迹立即显露出来。

（2）看釉面。釉面火光极亮的瓷是新瓷，也不能认为凡无火光者就是旧瓷，因为作伪者常除去新瓷上的火光以模仿旧瓷。此时，应辨别釉面上的痕迹。因为旧器经过数百上千年的流传，其表面上必会或多或少留下痕迹。另外，鉴别时必须注意底釉颜色是否与别处一致，款字走势是否与该瓷器相符。

（3）看按缝。作伪者碰到旧瓷偶有微裂、磨伤或落釉，常将其破损部分上釉吹烧再绘制花纹，使人不易觉察。有足耳或其他易碰落部分的瓷器，鉴别时也应详察其接连处，因为此部分易落，多有补上，再用火烧成。若是用吹釉之法补上，其痕迹则不易发现，只可以釉的新旧、火光的强弱来辨别。

（4）看式样。瓷器的式样必须合乎情理，式样不伦不类，则多为损毁后的改作之物。鉴别时对于口边应十分注意，假如是没见过的式样，那么口边颜色与其他部分不一致的多为改作之物。

（5）看彩绘。白色瓷器绘有彩画，务必详察其色彩与质地是否为同一光泽。若质地温润而彩画光泽极强，多为真坯假彩的伪制品。

（6）听声音。完整无疵的瓷器声音清脆悠长，改补之器的声音则沙哑暗短。精于此道的行家，只要闭目细听，对其真伪就有了大致的把握。

如今，市面上的陶瓷精品多已落入收藏投资者手中，精品稀缺，赝品充斥，这就要求收藏投资者注重技巧、紧盯市场。对于古代瓷器的价值判断，陶瓷专家张浦生归纳为五字：真、善、美、少、珍。可以说，一件古瓷的存世量、历史价值、艺术价值直接影响它的经济价值。在进行古瓷投资的过程中，我们还要正确把握古瓷市场发展的脉络，了解古代陶瓷市场发展至今哪类瓷器站在市场的最高端，哪些品种最受市场的追捧。要对古瓷市场有前瞻眼光，市场永远青睐那些先行一步的人。

玉石投资

为期 5 天的 2011 年山西珠宝玉石首饰暨工艺礼品展览会于 9 月 4 日圆满落幕。324 家企业参展，万余市民参与。据组委会统计，展会期间，现场交易额达 2500 万元，比去年翻了两番，意向总成交额 1.03 亿元。

可观的经济效益和文雅的情调，使得收藏品投资具有其他投资工具难以比较的优势。而玉石投资又在收藏品投资中占据非常重要的地位，随着物价上涨、楼市调控、股市不振等问题接踵而至，通过玉石来实现财富的积累已在一些投资者中达成共识。专家认为，只要选择正确，投资玉石实现保值增值应该是没有问题的。

玉石有软、硬两种，我们平常说的玉多指软玉，从产地上看，狭义上指和田玉，广义上包括岫岩玉、南阳玉、酒泉玉等十多种软玉。软玉是含水的钙镁硅酸盐，硬度 6.5，韧性极佳，半透明到不透明，纤维状晶体到集合体。硬玉只指翡翠，硬玉为钠铝硅酸盐，硬度为 6.5~7，半透明到不透明，粒状到纤维状集合体，致密块状。

从颜色上分，软玉主要有白玉、黄玉、紫玉、墨玉、碧玉、青玉、红玉等。其中黄玉色如鸡油的是佳品，紫玉颜色通常为淡粉，墨玉实为碧玉上多黑点的玉，青玉实为暗淡发青的白玉。通常白玉最佳。硬玉颜色有白、紫、绿。可称为冰地儿（白）或青地儿（绿），绿色为最佳。

1. 鉴别玉的优劣

玉的鉴别有六条标准，即"色、透、匀、形、敲、照"。

（1）色。不论哪一种颜色的玉，玉色一定要鲜明。"白如割脂"，"黄如蒸栗"，"绿如翠羽"，"黑如墨光"，是古人对玉色的绝好概括。有杂色的、发暗的不属佳品。在各种颜色中，玉以绿色为佳。红、紫二色的价值又为绿色的1/5。含四色的玉称为"福禄寿喜"，若只含红、绿、白三色则称为"福禄寿"。

（2）透。透明似玻璃者称翡翠玉，此为上品。半透明、不透明者称为中级玉或普通玉。清以前，带有红、绿、白三种颜色者才称为翡翠玉，现在翡翠玉泛指透明的玉，以透明而带绿者居多。

（3）匀。指色泽均匀。玉的色泽贵在均匀，如含绿色但色泽不均匀则价值很低。

（4）形。通常，玉器越大越值钱，越厚越值钱。

（5）敲。玉当中常有断裂、割纹，这些裂纹一般不易观察到，敲一敲，可由声音的清浊辨出裂纹的存在与否。

（6）照。玉当中有肉眼不易发现的黑点、瑕疵，只要在灯光下（忌较强灯光）用10倍放大镜一照，便可一览无余。

此外，在购买玉时，还要注意看工艺。玉制品造型讲究精巧别致，形象生动，层次分明，错落有致，纹饰古朴典雅。带颜色的，要因色生巧。浅平雕刻、虽平面如镜，其景物却要远近相宜。镂空的，要剔透玲珑，惟妙惟肖。

购买玉器时，切忌在较强的灯光下进行。因为灯光的照射容易使玉失去原色，甚至会掩饰一些瑕疵。所谓"灯下美玉"就是这个道理。

2. 鉴别玉的真伪

下面介绍玉器的真假辨别方法：

（1）水鉴别法。将一滴水滴在玉上，如成露珠状久不散开者是真玉；水滴很快消失的是伪劣货。

（2）手触摸法。若是真玉用手摸一摸，有冰凉润滑之感。

（3）视察法。将玉器朝向光明处，如阳光、灯光处，如果颜色剔透、绿色均匀分布就是真玉。

（4）舌舔法。舌尖舔真玉有涩的感觉；而假玉则无涩的感觉。

（5）放大镜观看法。将选购的玉器放在放大镜下观看，主要是有无裂痕，无裂痕者为上乘优质玉，有裂痕者为次之。即使是真玉，有裂痕的其价值亦大减，裂痕越多越明显的，价值也就越低。

目前，市场上常常混杂进一些加工精湛的人工玉。可靠的辨别方法是：看、听、测试。看，主要看晶体透明度，真玉透明度较强，油脂光泽；听，真玉声音清脆，反之声音闷哑；测试，真玉从玻璃上划过，玻璃上留下划痕，而玉石本身则丝毫无损。

常见的假玉有塑胶、着色玻璃、云石（大理石）、电色假玉、以玉粉和水晶加盐水制成的合成玉、用硝子仿制的玉器等，其鉴别的手段也有所不同。

塑胶的质地比玉石轻，硬度差，一般还容易辨认。着色一般也容易区别。只要拿到灯光或阳光下检查，就会看见玻璃里面有不少气泡。

比较难辨的是电色假玉，这指经过电镀，给劣质玉镀上一层美丽的翠绿色外表，很容易误以为是真玉。这时就需要仔细观察，如果上面有一些绿中带蓝的小裂纹，就是假玉。因为电镀时会留下裂纹，行家称为"蜘蛛爪"。也有人说，将电色假玉放置热油中，电镀色就会消退，还其本来面目。

以玉粉、水晶加盐水制成的合成玉是仿深色老坑玉。鉴定方法很简单，即它们的比重不同。天然玉比重3.3~3.4，而人造合成玉比重仅2.8。用手掂掂轻重，或用天平称量即可辨别真假。

用硝子仿制的玉器，看去比玉还洁白莹润。古人说："玉赛硝，必定高。"就是，白玉要像硝子那样，才算是高级的。可见，硝子和玉难以分辨。然而真假终究是不同的。就颜色来说，白玉的白色中常常泛青，纯白者极少，硝子则是匀净洁白的纯白色。就玉性来说，玉温润细腻，如脂如膏，硝子虽也温润，莹润之中却难免有贼光。白玉是天然产物，体质很难全部均匀一致，内中玉筋、玉花等。硝子为人工所制，则无上述表象。白玉质地坚实，无气泡可寻。硝子加工再好，常有气泡、气眼外露。弄清这几条，就不会把硝子制品当成玉器了。

3. 玉石投资

玉的种类很多，市面上最常见到的就有三四十种，其中大部分都是普通的玉器。只有那些真正的精品才具备投资价值，比如翡翠、古玉和现代精品玉器。目前市场流通的玉石主要有原石和成品两种。原石是指未加工过的玉石。成品是经抛光、雕琢的玉，一般是以玉器、玩件为主，首饰为辅。

原石的评定讲究"白、润、细、韧、俏"。白是指颜色脂白、凝白；润是指玉温润、油润；细是指细腻、致密；韧是指质地坚韧、韧劲；俏是指皮俏、皮俊。对于成品玉则讲究"观颜色、辨质地、看雕工"。从颜色来说，白色最佳。质地需要细腻。雕工则要看题材、器形、比例、抛光、俏色等。

玉石种类繁多，除了人们常见的翡翠、和田玉、黄龙玉外，还有独山玉、岫玉、河磨玉、蓝田玉、晶白玉等许多含有"玉"名的玉石品种，以及玛瑙、绿松石等广义范围内的玉石。通常，人们较易接受自己较熟悉的东西，目前市面上玉石交易比较多的也就是翡翠与和田玉。个人投资收藏就不宜太过纷繁杂乱，因为玉石属于流动性较差的投资品。

中国历史上投资玉器的人不少，但真正投资玉石原石的人却不多。不过，现在投资原石的人不仅明显增多且大多比投资玉器获利更丰厚。这是因为原石容易收藏、运输，有较大的想象、设计和创作空间，可以满足个性化需求，并且还能够享受从选料到雕刻再到成件的整个过程。和田玉的原石投资相对简单一点，只要能辨别真假、判断产地及是否做皮、染色等就可以了。而翡翠的原石投资（赌石）则需要较强的专业知识，运气成分很重要，否则就不会有"一刀穷，一刀富，一刀穿麻布"之说了。收藏玉器除对玉质进行判断外，还需要了解雕工，如果是古玉，还得掌握断代知识。古玉的断代到目前为止尚无科学的定量指标，仍以经验为主，因此初学者还是从原石或新玉器入手较好。从成品玉器角度看，名家名品升值潜力明显大过普品，是有实力的投资者选择的重点对象。

不少人认为，和田玉的主产地在新疆和田，当地的玉石玉器价格应该会较低。情况却恰恰相反。由于大多数人都赶往和田进货，反倒抬高了当地玉价。也有的收藏者为买个放心而选择从大型商场、超市买货，但价格较离谱，即使打折也明显高于市价。倒是各地的玉石玉器市场、古玩城等地不失为较好的进货渠道。

对于目前玉石市场的火暴格局，投资者最好还是理性介入。当然，如果你有很多资金，并计划长线投资，仍然可以择机入场，哪怕现在处于价格高位。但前提是收藏精品，比如吴德升等大师作品，它们的升值空间仍然很大。但如果说本身资金不太多，最好不要盲目跟风。投资完全可以根据个人经济实力、选择不同品种，没必要走独木桥。

玉石属于流动性比较差的投资品种，一般都是玩友通过私人渠道转让、典当或者拍卖，目前还没有形成固定的二级市场。投资者如果没有交流圈子，又需要紧急套现，脱手会成为一大难题，很可能导致得不偿失。所以说，投资必须谨慎，选择适合自己的品种，切不可盲目跟风。

"机不可失，时不再来。"玉石投资犹如其他任何一种投资方式一样，必须掌握住投资机会，贸然投入必定血本无归。

邮票投资

2011 年 8 月 15 日，苏黎世亚洲邮票拍卖会圆满结束，共创下 2400 万港币总成交额。其中，1980 年发行的"庚申 8 分猴年全新原胶版票"，最终以 143.75 万港币成交，刷新猴年版票最高成交价世界拍卖纪录；一枚 1968 年《全国山河一片红》8 分票，最终以 69 万港币成交，备受瞩目。

股票、债券、房地产是投资领域的传统热门题材。但是，股市变化不定，风险难测；房地产投资虽然利润可观，但动辄十几万元乃至几千万元的投资额，远非一般家庭所能承受；债券投资收益虽比银行利息多一点，但增值潜力有限。相比其他投资产品，邮票市场持续的升温，让越来越多的外来客加入了这个投资队伍。

邮票是一次性生产的特殊商品，其印数和发行量是限定不变的，时间过得越久，其存世数量越小。集邮的人越多，供求矛盾越大，价格就越往上升。另外，邮票是"国家名片"，一个国家集邮的热度如何，显示着这个国家的政治安定程度与经济发展状况如何。集邮热度与经济形势、政治形势以及有关政策趋向密切关联。所以，一个国家要保证自己的形象，要使自己声名远扬，在邮票发行上也如在其他国际问题上一样，是要十分谨慎小心的。国家发行邮票的数量，必须与当时的需求相适应，发行量过大或发行品种过多会造成邮票贬值，信誉下降。

自 20 世纪 80 年代以来，我国邮票在股票之前就已成为个人投资的热门。邮票投资与股票投资不同，它要求投资者从头到尾亲自参与，因此，投资者首先需要了解有关邮票和集邮的一些基础知识，方可进入该投资领域。

1. 选择适合投资的邮票

邮市一直被称为"小股市"，选对了品种就能赚，选不对就可能赔。

生肖邮票是邮票的风向标，群众基础好、防伪能力好，尤其适合初期介入者投资。投资生肖邮票时，除了看发行量以外，还比较注重属相价值，像"龙、马、牛、虎"等属相，由于比较迎合民众心理，一般都比较适合投资。

选择邮票投资品种必须把握题材内容好、发行量或存世量少、流通性好三个要素。

题材内容好，其中以名人画作和历史题材尤其值得关注。黄永玉先生创作的猴票，自 1980 年面市后一路看涨，常常有价无货。物以稀为贵，发行量少、存世量少的邮票更有价值。但精品难求，投资者更要提防赝品风险。

平时我们关心比较多的是纪念邮票和特种邮票。纪念邮票是为了纪念本国和世界上值得纪念的人物、活动和事件的邮票，分"纪"字头纪念邮票、"J"字头纪念邮票、按年份编号的纪念邮票三种。第一套纪念邮票是在 1949 年 10 月 18 日发行的"庆祝中国人民政治协商会议第一届全体会议"。特种邮票是以某一特定内容为主题的邮票，分"特"字头、"T"字头特种邮票和按年份编号的特种邮票。第一套特种邮票是 1951 年 10 月 1 日发行的"国徽"。1950 年，还发行过专供我国东北地区贴用的纪、特邮票。

而从时间上来看，最好选择 1991 年之前的老 JT 邮票（纪念和特种邮票），因为它们存世量少，消耗很多，基本上都沉淀在社会上。老 JT 邮票的价格较高，保值、增值较稳定，受市场波动影响小。

资深人士说：选择邮票投资时，要遵循"量价比"的原则，就是在发行量同等的情况下，选择那些价格相对低的邮票，因为这些邮票，往往存在着补涨的机会。

2. 邮票品相学问大

集邮的人都非常讲究邮票品相，即邮票的相貌。邮票的品相一般分为七级，即极优品、最上品、上品、次上品、中品、下品和劣品。

对新邮来说，衡量品相，主要是票面完整，没有破损，没有折痕，图案端正，颜色鲜艳，不退色变色；齿孔完整，不缺角；背胶完好。而对于旧邮来说，主要是票面完好，不揭薄，邮戳清晰，邮戳销于邮票一角（占票面的 1/4 左右），这样的邮票为上品；邮戳轻印，不损害票面美观为中品；邮戳重油，影响图案美观为下品。如果是研究邮戳，以全戳为好，要能看见邮戳上的地名、年、月、日、时。这主要由收藏的目的来定。

在收集邮票时要注意邮票品相，不要用手抓取邮票。用手抓取邮票易折角断齿。手上有汗，接触邮票会使票面失去原来的光泽。要使用镊子。集邮用的镊子尖端扁平、圆滑、无绣、松紧适度。

常见的邮票品相不佳有以下几种：

（1）破损。在撕邮票时，用力过猛，把邮票边缘撕破（在分撕邮票时，按照齿孔多折几次，用力要均匀，不宜过猛）。

（2）折痕。在用镊子夹取邮票时，用力不均，造成折痕。信销票的折痕大多数是因为贴票时或在信件传递过程中受折而出现的（一般的软折痕用水浸泡后重新压平，可以消除）。

（3）齿孔不全。齿孔短缺，有部分漏齿、缺齿、断齿。

（4）揭薄。在揭取邮票时，由于浸泡不透，造成票背纸质受伤变薄或揭成两层。

（5）擦伤。信件在邮递过程中，邮票画面被磨损。

（6）霉点。邮票受潮或背胶变质引起发霉，形成霉点或黑色斑点。

（7）墨渍。墨水或墨汁被弄到邮票上（把食盐放在热水里，将邮票浸泡一下，墨渍会退去）。

（8）油墨过浓。盖戳时油墨过浓，使邮票图案弄得模糊不清。

（9）指纹。用手拿取邮票时，手指上的油渍或汗液弄脏了画面。

（10）退色。邮票长时间受灯光或太阳光照射，使原刷色退色或变色（注意邮票不宜长时间被强光照射）。

为了保持邮票清洁、完好、美观，对以上容易损伤邮票品相的可能性要预防。

3. 邮票保存有讲究

对于邮票的保存也是颇有讲究的，一些邮票因为保存得不好而大大贬值，这样的案例并不少见。

（1）要养成用镊子取放邮票的习惯。无论是新票还是经过漂洗处理的旧票（盖销、信销票）都尽量不用手指去拿。要习惯使用特制的邮票镊子，以保持邮票的整洁，以免因手上有汗迹和脏物污损邮票。

（2）还要使用专门的护邮袋和邮册保护邮票。将邮票装入护邮袋内再插入，以免天气潮湿的梅雨季节（高温、高湿）时将邮票背胶熔化粘在插册插页纸上。邮册要放在干燥通风的地方，最好是立放，不要平放相叠，互相挤压。以免潮气浸入，使邮票发生黄霉斑点。

隔十几天，找一个晴朗天气将邮册打开成扇形竖立在桌上，每页之间稍留些空隙，吹吹凉风让邮册内的湿气散掉。但不要让太阳光直接照射邮票，造成票面退色。15~20 分钟后将邮册合起来，装入塑料袋中密封起来，度过霉雨季节后再吹一次收藏起来。

小型张、小版张、整张票可放入专册或整版册中存放，或放于硬塑方盒中，每枚邮品最好在其背面衬张薄纸，干燥季节也要取出翻晾。

4. 邮票投资技巧

刚开始进行邮票投资，投资者要掌握以下技巧：

（1）了解邮市行情。首先要了解邮票的发行情况，了解邮电部门一年内将发行多少套邮票，将发行多少张小型张，每种邮票的发行量等。其中，最后一点较难搞清楚，不过，这可以通过了解前几年每种邮票的发行数量来做出预测，也可以从集邮杂志和报纸上了解有关邮票的发行情况，了解国家对集邮活动和邮市的基本态度，这些因素将直接影响邮市行情。

（2）确定投资目标。首先，应确定是长期投资还是短期投资。如果经济基础雄厚，短期内不用的钱较多，就可以做长期投资的打算。如果经济状况欠佳，手头的钱不多，或是钱虽多，但又不能长期占用，就可做短期投资打算。短期投资需要多跑几次邮票市场，随时注意邮市行情，随时买进和卖出。

（3）掌握进票和放票的时机。邮票的投资者都希望通过进票与放票得到较高的利润。这就需要把握好进票与放票的时机，否则，不但不会得到较高的利润，还会亏本。但是，邮市上的价格瞬息万变，把握好进与放的时机不是一蹴而就的，需要不断地学习和磨炼，需要冷静分析和积累经验。

专家提醒投资者，尽量不要选择投资高面值邮票，高面值邮票不仅浪费资金，而且一旦邮票升值开涨，低面值邮票一点也不比高面值邮票升值慢。

书画艺术品投资

当前书画艺术品市场异常火暴，投资收藏古代名人字画的群体也越来越庞大。字画艺术品的高回报率，使得许多根本不懂字画的人纷纷跻身投资收藏字画艺术品的行列，造成各拍卖行的字画价格飞涨。

2007 年，徐悲鸿的《落花人独立》在国内某拍卖行以 490 多万元竞拍成功；

2010年，北京佳士拍卖公司再一次拍卖这件作品，成交价已经高达6496万元，短短3年就升值6000万元。同一年，徐悲鸿的《巴人汲水图》以1.71亿元天价成交，而这件作品在2004年成交价格仅1650万元。

字画不像其他投资对象会较多地受国际、国内政治经济形势或其他人为因素的影响，它不仅具有保值性还有稳定的增值性。对投资者个人来说，必须具有一定的文化修养和艺术鉴赏水平，才能确保买进的不是赝品而是艺术品位较高的珍品，获得稳定的、可观的投资收益。

但是，很多收藏者根本就不具备字画收藏素质，而是盲目跟风，以至于投资惨败，一塌糊涂。要想把字画作为一种投资，并希望得到丰厚的回报，收藏界有关人士认为必须注重以下几点：

（1）不要轻易下手。如今，字画作品市场赝品满天飞，投资者一旦不小心就可能会花大价钱买回假货。所以，对于投资者而言，切不可大意，如果在市场上看中某幅作品而自己在真伪鉴别技术上不能完全把握准确，很有必要请专家进行鉴定。

（2）一定量力而行。字画收藏投资必须量力而行，特别是对于刚入行者。拍卖市场出售的大家作品价格绝非小数目，因此，不可盲目投资，特别是不可超过自己的资金能力，以免因一时不能出手影响了资金周转。所以，投资者投资收藏字画时最好根据自己的实际情况进行，并多多留意那些中等名气的名家作品，往往这些作品价格不高，质量较好，且具有很大的升值潜力。

（3）专于一类。投资字画不可广泛收集，一定要精心选择一个门类，这样才能稳操胜券。比如专门收集某个时期、某种题材、某个画派或某个画家的作品。只有集中自己的所有精力，弄懂某个类型或某个画家作品的行情，以及其艺术特征，才能让字画投资者做到胸中有数，一旦遇到自己钟情的字画就能很快去伪存真，正确选择。广收博采，是那些有高深资历和雄厚经济实力者的专利。

（4）选择精品为佳。通常一位书画家，一生的作品数量十分可观，其中难免有些是应酬之作，有些是随兴之作，精心之作是有限的，如书画名家张大千、齐白石、徐悲鸿，一生作品统计起来有数千件，但精品屈指可数，所以说，即使是同一位大师的作品，价位和增值的空间也会相去甚远。投资收藏字画时选择精品，这点非常重要。

（5）不宜投资残缺字画。有一些字画有破损，虽经补修还是会露出破绽，或有污渍，画面不干净。还有一些字画，由多个条屏组成，如果缺少一幅，就会使价值大打折扣，甚至无人问津。所以，那些因为"不全"而影响价值的字画，不适合投资。

（6）注意收集资料。只有广泛地收集信息，分析信息，才能保证字画投资者的投资收益。例如需要收集书画报刊、艺术投资文章书籍、拍卖图录和拍卖的成交价格表，并了解市场行情，这些都是对字画投资者投资字画前必须具备的要求，如果做不好这些，就会为字画收藏投资者带来不利，导致投资出现亏本。

（7）把握市场行情。出让字画作品，是字画投资者投资字画作品的后续动作，只有出售、出卖才能获取收益。因此，为能保证字画投资者的最佳利益，在出让字画前，就应考虑市场状况、行情趋势以及自己资金周转情况等，行情一达到自己预计的收益，就应把握良机，及时出手，有利于再另行投资其他有收益和增长潜力较大的书画。

另外，掌握合理的购买价格，对每个投资者来说都十分重要，花了冤枉钱，不仅影响投资效益，还会产生心理上的失落。字画的价值主要由以下几个方面决定：

1. 书画家的名望

所谓名望，指的是名气，它在字画中的价值至关重要。在艺术市场上，像张大千、傅抱石、齐白石、徐悲鸿、李可染等大家，由于他们名气大、影响大，即使一平方尺画或是应酬之作也动辄几十万元。有的名人尽管不是书画家，但作品照样在拍卖场上有不俗的表现，如孙中山、梅兰芳等。

2. 字画的内容与题材

字画的内容和题材也是影响其价值的重要因素。从拍卖场上看，绘画的价格要明显高于书法，而在传统中国画中，又以山水最高，人物次之，花鸟第三。张大千是一位全能画家，在历年成交的作品中，他的山水画价格屡创佳绩，名列前茅，人物画次之，花鸟画第三，其作品市场价格层次相当清楚；齐白石作为花鸟大家，成就享誉海内外，但其作品在市场中仍然是以山水画最高，他的《山水》册页曾在1995年瀚海秋季拍卖会上创下517万元的当时齐氏拍卖的最高纪录，而他的人物画价格也比花鸟来得高。

此外，受题材的影响，尺寸差不多的两幅画差价却会很多。藏家一般对吉祥、高雅、稀有题材会有极大的兴趣。吉祥题材大多集中在人物、花鸟上，高雅题材大多集中于山水上，稀有题材主要指画家平时很少涉足的题材。如1997年中国嘉德拍卖会上推出了齐白石的一幅《苍蝇》（9.7cm × 7cm），这是迄今为止发现的齐白石唯一一幅苍蝇题材的作品，也是最小的一幅画。此幅作品经过激烈竞拍，最后以19.8万元成交。

3. 字画的样式

中国字画的样式多种多样，有立轴、横幅、镜片、条屏、手卷、册页、对联、扇面等，投资者和收藏者出于各种原因，往往各有所好。

从市场上看，一般立轴高于横幅，纸本优于绢本，绫本为最下，立轴要在5尺以内；横幅要在5尺以外；手卷以长1丈为合格，越长价值越高；册页、条屏为双数，册页以8开才算足数，越多越好；条屏以4面为起码数，16面为最终数。

在市场上，有时同一画家的两幅作品如果一样精到，且品相、技法、题材相同，那么就要看它们尺寸大小和作品的样式，尺寸越大，价格越高。字画一般以册页、手卷的价格为最高，条屏次之。如傅抱石的经典之作《丽人行》手卷在 1996 年中国嘉德秋季拍卖会上以 1078 万元成交，创傅氏当年作品最高纪录；吴湖帆的代表作《如此多娇图》12 开册页在 1997 年朵云轩秋季拍卖会上以 214 万元成交，创吴氏作品当年最高纪录。

4. 作品的存世量

存世量也会直接影响作品价值。傅抱石、徐悲鸿、李可染、潘天寿等作品之所以能高价位成交是与其作品的稀少分不开的。如李可染的作品，无论是山水画，还是牛和人物画，都达到了很高的艺术造诣，其作品传世量既少又精，因而一直受到国内外美术馆和收藏家的重视与青睐。

有的投资者在市场上见到大家的作品总是竞投踊跃，志在必得，殊不知大家的作品在市场上也有真有假，有精品有应酬之作还有伪作；还有的专买大名家、大鉴赏家题跋的作品，在他们看来，名家和鉴赏家的题跋相当于保真鉴定，作品的身价也会被提升，实际上，这也是字画买卖中的一大误区；还有的认为所买作品越大越好，其实这要看画家擅长的作画形式，如张大千、傅抱石、李可染、钱松岩、朱屺瞻、刘海粟等画家就擅画巨幅大画，黄宾虹、陆俨少、丰子恺、张大壮、沈子丞等画家擅画小画，像陆俨少绘大作品往往结构松散，其大幅作品远不如小幅精彩。2001 年，尺幅只有 3 平尺的《雁荡采药图》（99.4cm×33.4cm），却在中国嘉德拍卖会上以 42.9 万元成交。

总之，在投资字画的过程中，投资者考虑各方面因素都要理性，切忌盲目，而提高自己鉴赏眼力则应该伴随着收藏全过程。

第九章　14%教育投资

——理财规划从"零"开始

教育投资越早越好

据媒体报道，从直接经济成本看，0~16岁孩子的抚养总成本将达到25万元左右。如果预算到子女上高等院校的家庭支出，则高达48万元。从这些数据不难看出，中国人的子女教育成本多么惊人！

伴随着国家、社会对高层次人才的迫切需求，作为社会细胞的家庭，对子女优质教育表现出了前所未有的热情。早在20世纪60年代，就有经济学家把家庭对子女的培养看做是一种经济行为，在子女成长初期，家长将财富用在其成长培育上，使其能够获得良好的教育。这样当子女成年后，可以获得的收益远大于当年家长投入的财富。一般情况下，受过良好教育者，无论是在收入或是地位上，往往确实高于没有受过良好教育的同龄人。从这个角度看，教育投资是个人财务策划中最富有回报价值的一种。

2. 基金定投

基金定投是国际上通行的一种类似于银行零存整取的基金理财方式，最大的好处是可平均投资成本，自动逢高减筹、逢低加码。在这种情况下，时间的长期复利效果就会凸显出来，可以让平时不在意的小钱在长期积累之后变成大钱。

采用基金定投储备教育金，不会给家庭的日常支出带来过大压力，又可获得复利优势。应选择过往业绩表现稳健的股票型基金，关注中长期排名而淡化短期排名。

3. 教育保险

教育保险相当于将短时间急需的大笔资金分散开逐年储蓄，投资年限通常最高为 18 年。越早投保，家庭的缴费压力越小，领取的教育金越多。而购买越晚，由于投资年限短，保费就越高。

从理财的角度出发，教育保险也不宜多买，适合孩子的需要就够了。因为保险金额越高，每年需要缴付的保费也就越多。总体来讲，保险产品主要是保障功能，如果只看其投资收益率，它甚至可能比不上教育储蓄。

4. 子女教育信托

子女教育信托，是指委托人（子女的父母）将信托资金交付给信托机构（受托人），签订信托合同，通过信托公司专业管理，发挥信托规划功能。双方约定孩子进入大学就读时开始定期给付信托资金给受益人（子女），直到信托资产全部给付完。教育信托一是可以让父母事先规划，事后无后顾之忧。二是财产受信托法保障，产权独立避免恶意侵占。也就是说信托财产具有较强的独立性，即不受父母债权人追索，也不受信托公司债权人的追索。即使信托公司破产了，委托人的信托财产仍可以完整地交与其他信托公司继续管理。三是不会让子女过早拿到大笔财产，失去人生奋斗目标。另外，父母每年可领取由信托公司代为管理和投资时所产生的收益。在新加坡、美国等国家，父母为子女设立专门的财产信托是一种非常普遍的现象，目前在中国大陆地区并不普遍。

在中国，子女教育经费计划是整个家庭财务计划中的重要一环。为了确保子女得到最好的教育，像前面案例中那样，提早做好安排无疑是比较明智的选择。这样不但能减轻将来负担，确保子女到时候专心学业，父母的其他个人计划（如退休）也不会因为要应付教育费用而受影响。由此可见，要储备金额不菲的教育金，越早开始准备就越轻松。

教育储蓄：孩子一个最好的避风港

孙先生今年 45 岁，月收入 5000 元；邹女士今年 40 岁，月收入 3500 元；两人年终奖共计 1 万元。他们有一对双胞胎女儿，刚上初中。拥有 20 万元的定期存款和 5 万元的活期存款，没有股票或者基金、债券投资；另外，还有 1 万美元存于银行；自住一套现价 80 万元的房子，房屋贷款已还清。孙先生夫妇做了一个理财规划：6 年内准备双胞胎女儿的大学教育费用；15 年后安心退休，并维持现有生活水平。

子女教育规划费用方面，理财师推荐了零存整取定期储蓄，存期分为 1 年、3 年、6 年。教育储蓄的利率享受两大优惠政策，除免征利息所得税外，其作为零存整取储蓄将享受整存整取利率，利率优惠幅度在 25% 以上。理财师认为，这种存款方式适合像孙先生这样工资收入不高、有资金流动性要求的家庭。收益有保证，零存整取，也可积少成多，比较适合为小额教育费用做准备。孙先生夫妇可为双胞胎女儿分别开立一个储蓄账户，作为以后上大学的储备资金。

1. 教育储蓄的优势

教育储蓄与其他储蓄相比，还有一些不可比拟的优势：

（1）利率优惠。1 年期、3 年期教育储蓄按开户日同期同档次整存整取定期储蓄存款利率计息，6 年期按开户日五年期整存整取定期储蓄存款利率计息，可以说是零存整取的存法，却享受整存整取利率。以两万元 1 年期教育储蓄为例，每月需存入 1667 元，利率 2.25%，到期可得利息 450 元。而同期普通的零存整取年利率仅为 1.71%，到期利息为 342 元，同时扣 20% 的利息税，到手仅为 273.6 元。两相对比，可多得 176.4 元。

（2）免征利息所得税。为了促进教育事业的发展，国家目前对教育储蓄免征利息税，教育储蓄的实得利息，如果加上优惠利率的利差，其收益较其他同档次的储蓄高 20% 以上。

（3）教育储蓄存款是专门用于为孩子接受非义务教育而每月固定存款、到期支取本息的储蓄，其与普通储蓄最大的区别在于：教育储蓄虽属零存整取定期储蓄，但执行的是整存整取的优惠利率，而且在存期内一律免征储蓄存款利息所得税，这样收益率相对较高。例如，一家庭给读书的子女每月存 200 元，存期 6 年，到期能领取 1576.8 元的利息，收益几乎是普通同类存款的两倍。这种聚沙成塔的存款方式，通过每月存款，为孩子准备好一定量的教育基金，特别适合像孙先生那样工资收入不太高、需要精打细算的工薪家庭。

2. 教育储蓄的注意事项

教育储蓄具有很强的政策性约束，储户如想真正获得该产品的全部收益，还需注意以下事项：

（1）注意教育储蓄的开户和优惠条件。教育储蓄存款收益较普通储蓄存款优惠，其符合存款资格的条件也比较严格。教育储蓄对存款对象设有固定的门槛。有"资格"享受教育储蓄的必须是在校小学 4 年级（含）以上学生，存款采用实名制。到银行办理时，须持储户本人户口簿、户籍证明或居民身份证，以储户本人的姓名开立存款账户；在到期支取时须提供接受非义务教育（指九年义务教育之外的全日制高中、大中专、大学本科、硕士和博士研究生）的证明方可享受优惠利率和免税待遇。教育储蓄到期支出时，储户必须持存折、户口簿、户籍证明或身份证以及所在学校开具"证明"（国家税务局印制的"正在接受非义务教育的学生身份证明"），到银行网点支取本息。

市民到银行办理时，要注意教育储蓄对存款数额有一定限制。最低起存金额为 50 元，但所有本金合计最高限额为两万元。因此，1 年期每月存款不能高于 1666 元；3 年期每月存款不能高于 555 元；6 年期每月存款不能高于 277 元。如果本金合计超过两万元或一次性趸存本金的，就不能享受教育储蓄免税的优惠政策。因此，工薪家庭应该用足这两万元的限额，实现收益最大化。

（2）注意教育储蓄的存期选择。一般来说，6 年期教育储蓄适合小学四年级以上学生；3 年期教育储蓄适合六年级以上学生；1 年期教育储蓄适合初二以上的学生。这样，接受非义务教育时（通常为升入高中后），就可在教育储蓄存款到期时享受全部优惠并及时使用该存款。

（3）注意教育储蓄的存取方式。教育储蓄的存取要精确计算存取时间，因为按政策，储户实际最多只能享受三次存款优惠。据介绍，教育储蓄享受免征利息税的优惠政策，其对象必须是正在接受非义务教育的在校学生。因此，小学 4 年级的学生办理该项存款，存期只能是 6 年。因为，1 年或 3 年的期限，在存款到期时，储户仍处于义务教育阶段。而在就读全日制高中（中专）、大学本科（大专）、硕士和博士研究生时，每个学习阶段可分别享受一次两万元教育储蓄的优惠，但每一阶段教育储蓄本金合计不得超过两万元。

教育储蓄的存款最高限额虽然只能是两万元，但至少能部分地缓解工薪家庭的教育支出。银行的理财专家建议，随着眼下学费攀升的趋势，大学本科 4

年的教育支出总数已超过两万元。因此，除了这一在校学生能享受的教育储蓄优惠政策外，同样还要借助其他理财方式，但股票、股票类基金等风险较高的理财方式则不适于家庭教育基金储备。

藏在零用钱里的理财教育

在"70后"和"80后"的回忆中，儿时的幸福总是来源于口袋里面的几块糖和长辈们大年初一塞在兜里的几元压岁钱，虽然很多时候压岁钱都捂不过正月十五就被大人没收。后来上大学，生活独立，终于自己能够赚钱，却发现总是没到月底钱就花光了。"月光族"的出现，源于我们从小就缺失的理财教育。

专家认为，为了做好零用钱教育，首先要让孩子正确认识零用钱的概念。零用钱就是"孩子根据自己的判断，可以自由支配的钱"。这里不包括买文具或书等已规定好用途的钱。家长给孩子零用钱的意义在于让他们拥有使用金钱的决定权，因此，"零用钱"正是孩子最初真正接触到的"钱"。孩子第一次可以自主决定用途和金额，所以零用钱教育在孩子一生中就显得格外重要。管理零用钱的能力将成为孩子日后能否独立自主、担负家庭生活，进而能否指引国家经济的基础。

受传统"重义轻利"思想的影响，长期以来，中国青少年的理财教育都处于滞后状态，甚至可以说是一片空白。而在商品经济发达的现代生活中，理财能力是生存能力的重要组成部分。对于少年儿童来说，学会理财不仅仅是如何用钱的问题，其中包含了多方面的教育内容和多种能力的培养，对国家来说，关系到如何培养驾驭未来经济的人才，以适应未来经济生活的需要。

　　怎样让孩子学会花钱，是世界上每个国家每个家庭都会遇到的共同问题。

　　美国人在儿童理财教育中积累了一套值得借鉴的经验。他们对学龄前儿童的金钱教育提出了非常具体的要求，通过切合实际的金钱教育，让孩子基本具备独立性、经济意识以及经济事务上的管理和操作能力，这为社会培养优秀的经济管理人才提供了雄厚的人力资源基础。

　　而在国内，一部分父母总担心孩子不会管钱，怕孩子手里有钱就会挥霍无度，甚至会误入歧途。所以在谈论金钱话题的时候都故意避开孩子，也很少让孩子自己拿钱买东西。结果导致孩子对金钱完全没有概念，只知道张口要钱买东西，不给就哭闹不止，给了就随手花光。这些家长普遍认为，孩子应该是"一片净土"，主要任务是学知识、长身体。不能让孩子过早接触金钱，即使孩子从长辈亲友那里得到的压岁钱也要悉数上交，由父母来做支配。

　　另一部分父母觉得只要孩子高兴，钱不是问题，造就了一大批"富二代"，花钱没有规划，大手大脚，还爱攀比。有的孩子花 3000 多元钱购买名牌衣服和鞋，只是因为"觉得特有面子！"如果再不开始给孩子培养理财观念，很容易造成他们爱慕虚荣、攀比、不劳而获的心态，对他们将来的成长很不利。

　　所以，专家认为，对少年儿童的零花钱的教育刻不容缓。

　　家长们要让孩子接触钱，有利于从小培养孩子的经济意识和理财能力，以适应未来经济生活的需要。孩子绝对不可能如父母所期待的，会在某一天变魔术般突然开始熟练地掌握、管理金钱。唯有"经验"才是最棒的老师，如同孩子学习需要书本和铅笔一样，做好理财教育，无论金额多少，都必须要给孩子零用钱。调查结果也显示，有零用钱的孩子管理金钱的能力远远超过没有零用钱的孩子。所以，金钱教育应成为家庭教育的重要内容之一。家庭的金钱教育应从零花钱的使用开始，教孩子使用零花钱是让孩子学会如何预算、节约和自己做出消费决定的重要手段。

零花钱的多少并没有一个定额，主要依据孩子一周的消费预算来确定。这些开支包括：孩子正当娱乐消费的开支，如看电影和吃零食；孩子日常必需的开销，如乘车、买学习用品；另外，还有一些额外的钱，以便为存钱创造可能性。

零花钱的使用，应该由孩子全权负责，家长一般不要直接干预。即便孩子因使用不当而犯错误时，家长也不要轻易帮助他们渡过难关。因为只有如此，孩子才能懂得过度消费所带来的恶果，从而学会对自己的消费行为负责。

培养孩子从小树立良好的金钱观念并合理掌握零用钱的方式是十分必要的。那么，父母该如何引导孩子掌握好手中的零用钱呢？

（1）要让孩子懂得钱财来之不易。家长不妨让孩子了解家里收入支出情况，让孩子适度参与投资决策，增加责任感，同时也让孩子了解父母工作辛苦，做好自己的未来规划。

（2）要让孩子学会花自己的零用钱。在生活中最好给孩子一些实际花钱的机会，同时鼓励孩子记账，培养数字观念。记账对于养成良好的理财习惯很有帮助，记账也能了解孩子的消费情况。

（3）帮助孩子学会积累和储蓄。当孩子有了一定数量可自行支配的零花钱时，不妨准备一个储蓄罐，鼓励孩子将一部分零花钱放进储蓄罐，引导孩子用储蓄的钱去做更有意义的事情。

（4）带孩子走进银行，投资启蒙。告诉孩子将钱放在银行里可以做什么，让孩子对银行有一个初步的了解。还可以讲讲各种教育储蓄或保险的作用，培养通过投资，使钱生钱的意识。

当然，很多青少年只是住在家里，并没有太多的生活开支让他们承担，独立后不得不开始自己付房租、水电费、买食物和衣服以及付交通费用，他们可能会束手无策。小时候不知道家庭交际开支的孩子将被迫改变以往的消费习惯。

为帮助孩子未来生活做好准备，家长可以引导年纪大一些的青少年用零花钱为自己的电话费和交通费以及一部分家庭开支付账。

培养孩子的理财意识

在一些发达国家和地区，人们十分重视儿童的理财教育，这种教育甚至渗透到了儿童与钱财发生关系的一切环节之中。

与中国孩子得高分，父母发奖金的做法也不同，美国家庭的规矩是孩子做家务，父母付报酬。

阿莱西欧博士有四个孩子，每个孩子出生时，她都拿出 1000 美元，为他们分别立了户头，在孩子还不懂事时，帮着他们保管各种各样"属于他们自己"的钱，即孩子从亲戚朋友处所得的礼金，孩子的工作所得，奖励所得等。当钱存到够买一两只股票时，就为孩子购买股票。四个孩子从刚出生的那天起，就在证券股票公司拥有了一个自己独立的户头，日积月累，当孩子年满 18 岁时，就可支付昂贵的大学学费。

这充分体现出美国家庭很重视对理财的教育。美国学校也一样。

美国学校开展的活动很注意让孩子们体会社会上的"生存竞争"，让孩子看到社会竞争残酷的一面。他们鼓励同学们自由组合各种各样的公司，在同学、老师间做生意，看谁能赚更多的钱。或者让几个班的孩子组成一个"工贸"公司。内部用假钱流通，把个人的工作角色同报酬联系起来。这样就把"赚钱"的行为表现得更贴近生活了。

当然，对孩子理财意识的培养，最主要的环境还是来自于家庭。其实对理财意识培养，不仅仅是限于家庭经济条件比较一般的家庭，在富裕的家庭，培养这方面的意识也同样重要。很多富豪显然更明白这一点。

1. 沃尔玛公司董事长山姆·沃尔顿家族

曾连续两年排名财富 500 强全球第一的沃尔玛公司，每天都源源不断地创造着巨大的财富，拥有这家公司的沃尔顿家族则是世界上最富有的家族，自身的简朴以及对子女的"勤俭"教育则与所拥有的巨额财富形成了巨大的反差。

与其他家长不同，老沃尔顿不给孩子们零花钱，并要求他们自己赚取。四个孩子还很小时就都开始帮父亲干活了。他们跪在商店地上擦地板，修补漏雨的房顶，夜间帮助卸车。父亲付给他们的工钱同工人们一样多。罗布森作为沃尔顿家四个孩子的老大，刚成年就考取了驾驶执照，接着就在夜间向个各零售点运送商品。

罗布森回忆说，父亲让他们将部分收入买成商店的股份，商店事业兴旺起来以后，孩子们的微薄投资变成了不小的初级资本。大学毕业时，罗布森已经能用自己的钱买一栋房子，并给房子配备豪华的家具。

2. 洛克菲勒家族

洛克菲勒是世界上第一个拥有 10 亿美元财富的美国富豪，尽管富甲天下，但从不在金钱上放任孩子。洛克菲勒家族认为，富裕家庭的子女比普通人家的子女更容易受物质的诱惑。所以他们对后代的要求比寻常人家反而更加严格。

这从其家族中流传着的"14 条洛氏零用钱备忘录"就略见一斑了，这是约翰·洛克菲勒三世小时候父亲与他约法三章所提出的。内容显得非常"吝啬"：每周给零花钱 1 美元 50 美分，最高不得超过两美元，且每周核对账目，要他们记清楚每笔支出的用途，领钱时交家长审查，钱账清楚，用途正当，下周增发 10 美分；反之则减。

洛克菲勒通过这种办法，使孩子从小养成不乱花钱的习惯，学会精打细算、当家理财的本领。他们成年后都成了企业经营的能手。

3. 罗杰斯家族

罗杰斯是当代华尔街的风云人物，与索罗斯、巴菲特齐名，与索罗斯在1970年创建量子对冲基金，连续10年年均收益率超过50%。

罗杰斯有两个女儿，她们是美国公民，却没有美国的银行账户。当她们还分别只有8岁和3岁的时候，罗杰斯就给她们在亚洲开设了银行账户。罗杰斯给每个女儿开设了三个账户，一放美元，二放欧元，三放人民币。让她们很早就有不同国家的不同货币，而且有不同的货币之间汇率会变动的概念。女儿必须用自己的钱买东西。

有一天大女儿发现妹妹存的钱比她多，很不高兴，罗杰斯就告诉她，那是因为你自己买了芭比娃娃花掉了钱。所以大女儿开始积极存钱了。罗杰斯让女儿们明白，储蓄比借款重要得多。

4. 李嘉诚家族

虽然李嘉诚的儿子李泽钜、李泽楷是含着"金汤匙"出生的，但是拥有巨大财富的李嘉诚毫不娇惯两个儿子，从小就让他们接受苦难教育，并且培养他们的理财意识，教导他们节俭。

李嘉诚用生活的道理教导儿子。温室里的幼苗不能茁壮成长，他就带他们看外面的艰辛。比如，一同坐电车坐公共汽车，看路边报摊小女孩边卖报纸边温习功课那种苦学态度。李嘉诚认为父母采取不同的教育方法，对下一代的将来影响很大。李嘉诚每次给孩子零花钱时，先按10%的比例扣下一部分，他称之为所得税。这样，小孩在花钱时不得不事前进行仔细盘算，做一个全盘和长久考虑。

当孩子在外地读书时，李嘉诚给他们开了两个银行账户，其中一个账户上的钱他们绝对不能动用，这些是准备给他们完成博士课程的费用。如果要使用另一个账户的钱，他们必须写信给李嘉诚报告，他会在 24 小时内回复。

这些都是名人富豪家庭对子女金钱意识的培养方法，如果我们仔细揣摩他们的做法，并研究出自己的一套对孩子金钱教育的方法，假以时日，必能取得不错的效果。

那么，如何让孩子具有理财的意识呢？方法有四个：

（1）为孩子开立银行账户。带孩子到银行去开设一个属于他的存款账户，且最好让孩子保管自己的存款账簿。教孩子看懂存款账簿，让他了解账簿里的钱越多，利息就会越来越多。

（2）借钱给孩子，培养贷款观念。有时候孩子想购买的物品价格和自己存的钱有很大落差，这时除了要调整目标之外，可以适度"借钱"给孩子，让他有借钱、还钱、付利息的观念。

（3）从游戏中体验，善于理财才能致富。市场上常见的"大富翁游戏"算是理财的入门学习法，有买卖、投资行为，而机会、运气的设置，让参与游戏的孩子可以体会到，人生有许多不能预期的变数和风险，所以必须有适度的规划。

（4）从生活中找投资标的。无论是给孩子买基金还是股票，别忽略了让孩子参与。首先要尽量选择孩子熟悉的公司股票，陪孩子一起关注所投资公司的消息，让他们知道，哪些信息会促使其股价涨或跌，潜移默化中学会简易的股票投资原则。

巧妙提升孩子的财商

如今，很多城市的幼儿园都在玩一个叫"角色引领公园"的游戏。游戏的内容是在一个"公园"里，幼儿园根据不同年龄阶段的孩子，依次设定场景区域，比如：家庭、公交车站、餐馆、医院、邮局、银行、商店等等。然后给孩子一定数额的代金券，让孩子以不同的角色参与进来。在这里，孩子会有一个家庭和工作单位。上班要坐公交车，还会定期领取工资，购买一些生活用品，甚至可以到银行存钱。

玩游戏的孩子出现了几种结果：一种是孩子花钱大手大脚，一上来就把所有的钱都花光，以后想买东西没钱了；另一种是孩子比较有计划，只买对自己有用的东西；还有一种是孩子在自己买东西钱不够时想到了借钱。

事实证明，在这样一个虚拟的环境中，通过东西的买卖，财产的收入与支出，孩子已经开始逐渐接触和意识到理财的概念。教育孩子理财的过程是让孩子知道节约的过程。

关于孩子的理财意识，更专业的概念叫财商，也就是 FQ。

FQ 是指理财商数，简称财商。它是继 IQ、EQ 后兴起的一个新词汇。它特指一个人认识金钱和驾驭金钱的能力，是一个人在理财方面的智慧。

研究显示，5~12 岁是对儿童理财教育的关键期。在这个阶段，孩子的金钱价值观和消费尚未形成稳定的习惯。如果此时进行教育，让孩子学会安排 10 元钱的用途，那么未来给他 10 万元、100 万元甚至更多的钱，他都将游刃有余地处理好。而在中国，许多孩子到了读大学的时候，才拥有自己的银行账户，理财观念才清楚地浮现。但此时，很多孩子已经养成了大手大脚花钱的习惯，再克制消费就很难了。可见，提升孩子的财商，要从娃娃抓起。

那么，怎样才能为孩子开个好头呢？

西方教育专家认为，"财商"教育要潜移默化，儿童应从 3 岁开始就有经济意识。

有一段经典的西方儿童理财规划写道："孩子应该从 3 岁开始辨认钱币，认识币值、纸币和硬币。4 岁学会用钱买简单的用品，如画笔、泡泡糖、小玩具、小食品。最好有家长在场，以防商家哄骗小孩。5 岁弄明白钱是劳动得到的报酬，并正确进行钱货交换活动。6 岁能数较大数目的钱，开始学习攒钱，培养'自己的钱'意识。7 岁能观看商品价格标签，并和自己的钱比较，确认自己有无购买能力。8 岁懂得在银行开户存钱，并想办法自己挣零花钱，如卖报、给父母买小物件获得报酬。9 岁可制订自己的用钱计划，能和商店讨价还价，学会买卖交易。10 岁懂得节约零钱，在必要时可购买较贵的商品，如溜冰鞋、滑板车等。11 岁学习评价商业广告，从中发现价廉物美的商品，并有打折、优惠的概念。12 岁懂得珍惜钱，知道钱来之不易，有节约观念。12 岁以后，则完全可以参与成人社会的商业活动和理财、交易等活动。"

这段理财规划已引起了许多中国父母的注意，将其作为孩子理财教育的范本。这段话告诉中国的父母，孩子的理财教育要尽早开始，并需要不间断地让孩子在生活细节上潜移默化。

三四岁时，孩子已萌发了花钱的意识。父母可以针对孩子的好奇心，从生活点滴上培养孩子对钱的认识。在孩子认识数字，开始数数的时候，给孩子讲一些花钱的常识，并结合数字的概念，与孩子玩购物游戏。比如说让孩子找到指定的价格标签，寻找等值的商品等。这样可以培养孩子的逻辑思维能力。

6~12 岁是孩子人格发育的重要阶段，这个时期，孩子的价值观正逐渐形成，理财观念的培养正当时。在这段时期，家长要对孩子严格要求，细心地进行引导，体验式的教育让孩子来得印象深刻，家长可以为孩子办理一张借记卡，让孩子定期存钱，交给孩子利息的概念，并领他们到银行，将银行储蓄的方法、种类、利率、计算利息等知识逐渐地教授给孩子。还可以让他们算算利息，使孩子意识到定期存钱就能增加财富，创造一种成就感。当然，通过劳动奖励零用钱也是一种好方法，通过让孩子做家务赚取零用钱，体验劳动的艰辛，体会爸爸妈妈赚钱不易。

对于具体提升孩子财商，可以借鉴以下方法：

1. 假戏真做，培养小投资家

其实，许多教育孩子的游戏，家长可以自己发明，将成人金融生活投影到孩子身上。比如让孩子制作"预算计划"，开列如学习用品费用等未来一年计划生成的大小开销，相当于一个小型的财务规划。这样孩子就会明白花钱要制定计划的道理。对于孩子花钱正确的地方，花钱花得物有所值时，可别忘了鼓励。

仿真投资的做法对孩子的成长也很有帮助，美国的一位教授在家开设虚拟股市，以每股交易金额按照百分之一的比例计算，股票的价格根据纽约股市每天的行情进行变动，孩子进"股票市场"投资，既可以通过买卖股票来获得回报，也可以通过"年终分红"来获得回报。

2. 儿童理财产品助开发"财商"

其实如今的金融市场上，有不少理财产品可以帮助家长教育孩子如何花钱，如儿童卡、儿童基金、儿童账户都已先后问世。

不少银行的理财账户都实现了让孩子可以通过网上银行，实现父母与孩子账户之间资金划转。一部分银行的理财卡甚至全面地结合了储蓄、保险、基金、信托等理财产品，一次性为儿童提供完整的理财计划。其中有教育储蓄，让孩子在高中以后的每个学习阶段，享受部分教育储蓄利息免税；还有智慧型理财产品，帮助家长培养会理财的好孩子。

但不论多么好的理财工具，需要孩子的配合与家长的教育策略配合使用，才能共同开发出孩子的财智。

无论使用什么理财工具、理财方法，对于系统地对孩子进行理财教育的建议，可以综合为以下三个策略：

（1）树立正确理财观。正确的理财教育，是要培养孩子良好的理财习惯，学会用经济的眼光和思维方式来管理人生。理财师建议，父母可从日常生活教育着手，进行孩子的理财教育及观念培养。

（2）"小钱成大钱"。每个父母都会给孩子零花钱，学会将这些零散资金系统运用，是教会孩子理财的重要一步。理财师建议，父母可利用一些银行产品让孩子学会"强制储蓄"，小钱变大钱。

（3）学会"钱生钱"。少儿理财是银行正在开挖的一个新业务领域，教会孩子从小利用金融理财产品，从小培养孩子的赚钱意识和能力。此外，父母还可采用定期发放零用钱的方式，鼓励孩子记小账本等措施训练孩子用钱能力。

第十章 15%储蓄

——富人幸福的定海神针

选择储蓄方式的小窍门

除了科学储蓄以外，利用储蓄技巧也显得非常重要，它将使您的储蓄存款保值增值效果达到最佳化。

1. 活期储蓄小窍门

活期存款用于日常开支，灵活方便，适应性强。一般将月固定收入（如工资）存入活期存折作为日常待用款项，供日常支取开支（水电、电话等费用从活期账户中代扣代缴最为方便）。存活期存款，宜半年去银行做一次结息，然后本息再存，因为6月30日是活期存款账户的结算日，适时取息再存，可收到滚存利息的收益。活期储蓄利率低，所以大额存款应及时支取并转为定期存款。另外，大额活期存款，最好于每两个月结清一次活期账户，这样可以让利息生利息。

2. 整存整取定期储蓄小窍门

在低利率时期，存期要长利率才会高，能存 3 年的就不要存 1 年，因为储蓄收益特征是"存期越长、利率越高、收益越好"。在高利率时代（如 20 世纪 90 年代初），存期就要适中，即将 5 年期的存款分解为 1 年期和 2 年期，然后滚动轮番存储，这样可以利生利。

对于有些现在用不到，又不知何时会用到的钱，最好用塔型储蓄法进行存储，如将一笔 5 万元的存款分为 0.5 万元、1 万元、1.5 万元和两万元 4 笔存款，以便视具体情况支取相应部分的存款，避免利息损失。若预见利率调整时，刚好有一笔存款要存定期，此时若预见利率调高则存短期；若预见利率调低则要存长期，以让存款赚取高利息。

还有一个不容忽视的问题就是要巧妙利用自动转存（约定转存）、部分提前支取（只限一次）、存单质押贷款等理财手段，既能避免利息损失又可以免去跑银行转存的麻烦。

当然也可以使用循环储蓄方法，即每个月固定存 1 张一年期的存单，12 个月就有 12 张存单，一年后每个月都有 1 张存单到期，既保证固定利率，又可满足家庭灵活开支，如果存单到期不用可继续循环存储，这样不但享受比活期高的利率，还可拥有及时调整投资方向的余地。

3. 零存整取定期储蓄

零存整取适用于较固定的小额余款存储，积累性较强。这个储蓄品种，最重要就是贵在"坚持"，绝不要出现漏存。有一些人存储了一段时间后，认为如此小额存储意义不大，就放弃了，这种前功尽弃的做法损失最大。

4. 存本取息定期储蓄

存本取息定期储蓄如果与零存整取储蓄结合使用，就可以产生"利滚利"的效果。也就是说先将固定的资金以存本取息形式定期储蓄起来，然后将每月的利息以零存整取的形式储蓄起来。采取这种方式时，可与银行约定"自动转息"业务，这样就不用每月都跑银行了。

还有一种办法叫"组合存储法"，是将存本取息与零存整取结合起来一起用。比如你现在有1万元，可先存入存本取息储蓄户，一个月后，取出第一个月利息，再开一个零存整取储蓄户，然后将每个月利息收入存入零存整取账户。这样，不仅可以得到存本取息的利息，而且其利息在存入零存整取账户后又获得了利息。

5. 定活两便储蓄

定活两便是一种事先不约定存期，一次性存入，一次性支取的储蓄存款。例如资金有较大额度的结余，在将来须随时全额支取使用时，就可以选择"定活两便"的储蓄存款形式。该种储蓄具有活期储蓄存款可随时支取的灵活性，又能享受到接近定期存款利率的优惠。所以，此种储蓄方法中的小窍门就是要掌握支取日，确保存期大于或等于3个月，以免利息损失。

6. 教育储蓄

《教育储蓄管理办法》第七条规定：教育储蓄为零存整取定期储蓄存款，开户时储户与金融机构约定每月固定存入的金额，分月存入，但允许每两个月漏存一次。因此，只要利用漏存的便利，储户每年就能减少6次跑银行的劳累，也可适当提高利息收入。

有些储户钻"分月存入"的空子，将两万元的存款总额在几个月存两三次就存足了，这种"小人"的做法可以提高利息收入（以两万元5年期为例，此法可多获得利息1349.92元），但是违反了《教育储蓄管理办法》，如果你是个"君子爱财，取之有道"的守法理财人，这招就不要学了。

2. 充分利用信用卡的分期付款功能

持卡人在进行一次性大额购物或服务消费时，可将付款总额分解成若干期数（月份），只要在每期（月）按时偿还当期款项，则不必承担任何利息或手续费。采用分期付款功能可以解决装修、买电器等大额资金短缺的问题。

当然，在享受购物消费的乐趣时，也一定要懂得规避信用卡风险，以免不必要的损失。只需注意三个方面的问题，就能把信用卡的使用风险降到最低水平。

第一，信用卡协议条款要看清。银行领用信用卡协议中的详细条款是由发卡银行制定的，持卡人签名即生效。细读协议会发现，有些银行通过协议将自身的风险降到最低水平。

以长城信月卡为例，领用合约规定："长城卡如遇丢失或被盗窃，持卡人应持本人身份证或其他有效证明，立即到附近的中国银行分支行办理书面挂失手续，并按规定交付挂失手续费。挂失之前及挂失次日 24 小时内，所造成的挂失卡风险损失仍由持卡人承担。"也就是说，持卡人即使口头挂失了，但如未及时办理书面挂失，出现损失也只能是哑巴吃黄连了。

第二，透支款及时还清。信用卡的免息期一般限定在 50 天左右。持卡人在免息还款期内，全额偿还不需支付利息；若是部分偿还透支款项，符合银行规定的最低还款额的，目前有两种截然不同的计息方式。第一种是只要持卡人有 1 分钱在还款期内没有还，所有的钱都不能享有免息待遇，这是大多数银行的做法。假如您透支了 10001 元，由于没太在意，只在免息期内还了 10000 元，欠 1 元没有还，银行依然按照 10001 元计息。第二种是只需支付欠款部分的利息，也就是只需支付欠 1 元的利息，采取这种方式的银行很少。

每家银行计算免息期的方式和记账的日期各不相同，计算的繁易程度也各不相同。除此之外，使用信用卡，还要注意每月控制卡债不超过信用额度的一半，也是适当的自我保护措施。从理财的角度来看，只要有一个月的支出超过收入，就变成负债，未来收入的一部分就会被用来偿还过去的支出，因此，透支债务不要拖得太久。一般来说，用信用卡支付的消费项目，最好是 3 个月内，最长一年时间里还清消费项目借款，否则，对长期理财规划将会造成一定影响。

第二，交易清单别乱丢。在用卡时不要随意丢弃自动取款机的交易流水单，因为部分交易流水单上有磁卡的原始资料，不法分子会从这张小纸条入手伪造信用卡。还有，千万不要轻易让信用卡离开自己的视线，付款时尽量自己去刷卡结账，因为不法分子可以在极短的时间内用盗码器盗走卡中资料，然后用空磁条卡伪造信用卡。而银行又规定挂失后 24 小时内的损失你自己负责，所以一定要保存好自己的信用卡。

合理使用储蓄卡，谨慎经营信用卡，相信你的理财之路会越走越轻松。

用好信用卡也可以赚钱

信用卡作为一种透支消费的工具，已为广大市民所熟知，许多人手里都拥有一张或多张信用卡，并习惯用信用卡来进行购物消费。但大家不太在意的是，巧用信用卡甚至还可以有机会"赚钱"。

赵先生在一家外企公司办公室工作，去年为了帮银行工作的朋友完成信用卡开户任务，他办理了几张信用卡。

一开始的时候，他的信用卡基本上处于闲置状态，可他因为业务关系，平时宴请较多，所以开销较大。有时碰到月末入不敷出的时候，他便想到了那几张信用卡，用它们透支消费。可是由于不熟悉信用卡的使用技巧，他的透支均被加收了罚息，赵先生十分苦恼，想请银行的理财师指点一下，像他这样既要透支消费，又不想承担太多透支成本的持卡人，该怎样做好用卡规划。

赵先生所说的信用卡实际上是指贷记卡，贷记卡是指发卡银行给予持卡人一定的信用额度，持卡人可在信用额度内先消费，后还款的信用卡。具有信用消费、转账结算、存取现金等功能。它具有以下特点：先消费后还款，享有免息缴款期（最长可达 56 天），并设有最低还款额，客户出现透支可自主分期还款。需透支使用时，贷记卡持卡人先按银行要求交存一定金额的备用金，当备用金不足支付时，可在发卡银行规定的信用额度内透支信用卡，一般透支最大数额 30000~50000 元。不同银行最大透支的数额是不同的，而且根据每个人的信用记录的不同，透支最大数额也会不同。透支后，要加收透支利息，每天万分之五，最长时间为 3 个月。

目前各家金融机构的信用卡都有免息还款的优惠举措，持卡人从信用消费日至银行规定的到期还款日为免息还款期。所以，持卡人应到银行问清还款日的具体时间，然后再根据还款日的要求制订自己的消费和还款计划，这样就可以巧打时间差，尽情享受银行提供的这笔"免息贷款"。

另外，持卡人还可以学会用信用卡"赚钱"。

1. 刷卡积分赚钱

现在几乎每张信用卡都有积分换礼活动，持卡人刷卡消费时都会形成一个消费积分，当积分达到一定数额时，可以按规定到银行领取相应的奖品；同时年末或几大节日银行会举行刷卡抽奖活动，多刷卡就会增加中大奖的机会。为了鼓励持卡人刷卡，很多银行规定刷卡多少次就可以免下年年费，因为消费金额是没有限制的，所以购物时要养成大额小额均刷卡的习惯。

2. 利用优惠活动赚钱

有些信用卡的优惠活动是可以利用的。部分银行的信用卡购买机票可以获赠航空意外险，经常坐飞机的持卡人可以因此节省一笔不菲的保险费开支。浦发银行推出的上航浦发联名信用卡，持有白金卡搭乘上航国际/国内航线，买一张单程全价机票，赠同航线单程经济舱机票一张，也就是每张票价均是 5 折，而且每人可享受 4 次，金卡优享版持卡人可享受两次。值得注意的是，与其他赠票不同，该卡的赠票不限使用人，也不限是否同行，也就是说，赠票可以随便卖给其他人。

信用卡虽然有这么多好处，但要注意尽量少在卡上存钱，信用卡主要功能是用于信用消费，其存款是不计息的。同时，透支后莫忘按时偿还透支款，因为到期不还款，银行要按每天万分之五的利率计收透支利息。为了及时掌握自己的账户情况，避免被扣收罚息，可以开通网上银行或短信服务，及时获知存取款、转账、刷卡消费等信息，从而让你更加沉着自信，享受潇洒人生。

储蓄不是致富之道，但也有技巧

曾有一位理财专家说过："不要把钱存在银行。若将钱全部存在银行，可以预见这辈子很难成为有钱人，更糟糕的是，连下辈子都没希望致富。"专家的这番话并不是想要否定储蓄的重要性，而想要告诉大家，要改善自己未来的财务状况，应该去选择投资工具，而不是加强储蓄。如果抱着致富的心态去储蓄，势必要失望。这是因为：

1. 储蓄存款利率较低，不适于作为长期投资工具

保守的人无不将储蓄作为投资理财的首选工具。把钱短期存放在银行可能是最安全的，但长期存放就非常危险。为什么呢？主要是银行利率低，导致投

资报酬率不高，所以储蓄并不合适做长期投资工具。假设一个人每年除去各种开销能有 1.4 万元的收入，而他将这些钱全部存入银行，享受平均 5% 的利率，40 年后可以积累 $1.4 \times (1 + 5\%) \times 40 = 58.8$（万元）。与投资报酬率为 20% 的项目相比，两者收益竟相差 70 多倍。

2. 通货膨胀会造成购买力降低和实际报酬率下降

从经济学的观点来看，金钱越早使用其体现的价值就越大，经济效益也就越高。人们选择把钱存入银行，无非是想通过储蓄来创造未来更好的享受。可是，在通货膨胀的影响下，延迟享受的结果就是减少享受。

20 世纪 90 年代初期，人们都在为万元户的称呼津津乐道。如今人们已经开始谈论亿万富翁。为什么会出现这样的变化呢？主要还是通货膨胀的原因。通货膨胀会造成金钱的购买力降低和实质报酬率下降，降低理财积累财富的效果。2011 年我国的通货膨胀率预计将要超过 5%，未来的通货膨胀又会是多少？通货膨胀与经济增长率是如影随形的，我国经济已经进入快速发展通道，通货膨胀预计有可能会维持在每年 5% 的水准。通货膨胀必然会带来物价上涨，也就是说金钱的购买力将下降。如果储蓄的收益率低于通货膨胀率，将会是怎样的结果？钱就像羊毛浸在水中一样，不知不觉中就缩水了。

所以说储蓄不能作为一种致富的手段。适量储蓄以保证短期和不定期需要就可以了，多余的钱应尽量考虑寻找其他的投资渠道。

但是，如果把储蓄也看成是一种投资，储蓄投资却是各种投资中风险最低的。对比较稳重的投资者而言，不论国家怎样降息征税，储蓄仍是投资首选。但是有些人认为储蓄的含义就是把钱存到银行里，往往不大注重技巧。事实上，如果我们能够掌握一些储蓄理财的技巧，勤于算计，不仅可以实现小利最大化，而且可以从中得到理财的乐趣。

1. 存款宜相应分散

这里的集中和分散，既指每笔存单的金额，也指存单到期的期限。有些银行规定了存单质押贷款的上限，如果存款过于集中，在急需用钱时就会因贷款金额的限制，不能贷到足够的款项。存款到期的时间上，也不应过分集中，可以采用循环周转法，比如每月从工资中取出一定的钱，均存定期一年，这样一年后，所有存款都可享受定期利息，并且每个月都有到期存款可备使用，比把钱积累到一定金额再存定期划算。

2. 宜约定自动转存

各银行都已推出了自动转存服务，储蓄时应与银行约定进行自动转存。这样做，一方面是避免了存款到期后不及时转存，逾期部分按活期计息的损失；另一方面是存款到期后不久，如遇利率下调，未约定自动转存的，再存时就要按下调后利率计息，而自动转存的，就能按下调前较高的利率计息。

3. 存款期限长短集合

如果是长期不用的钱最好存定期，比如养老的钱、子女教育费等，到期以后一次性支取本金和利息。

近期要用或者可能要用的钱最好存活期。如果刚存了定期的钱却有急用，这时存折还不到期，储蓄所只能按活期存款利息计算。

4. 12 存单法

12 存单法是最基础的一种理财方式，但在实际生活中会收到意想不到的效果。比如 1 万元存 1 年，不如分成 4000、3000、2000、1000 元各一张。为了应付不时之需，需要 1000 元时，就不要动其他的，需用 5000 元时就动用 4000 元加 1000 元（或 3000 元加 2000 元），总之动用的存单越少越好。可以把每月工资收入的一部分钱做一个定期存款单，切忌直接把钱留在工资账户里，因为工资账户一般都是活期存款，利率很低，如果大量的工资留在里面，无形中就损失了一笔收入。每月定期存款单期限可以设为 1 年，每月都这么做，1 年下来你就会有 12 张 1 年期的定期存款单。当从第二年起，每个月都会有一张存单到期，如果有急用，就可以使用，也不会损失存款利息；当然，如果没有急用的话这些存单可以约定自动转存，而且从第二年起可以把每月要存的钱添加到当月到期的这张存单中，继续滚动存款，每到一个月就把当月要存的钱添加到当月到期的存款单中，重新做一张存款单。

5. 阶梯存款法

阶梯式存款十分有利于年轻人控制自己的消费欲，又满足生活上的需求。这种储蓄法是指根据自身情况每个月分别拿出一定资金存入 3 个月定期存款，从第 4 个月开始，每个月便有一个存款是到期的。如果不提取，银行可自动将其改为 6 个月、1 年或者两年的定存利率；之后在第 4 到第 6 个月，每月再存入一定资金作为 6 个月的定存。这样阶梯式操作，不仅保证了每个月都有一个账户到期，而且自由提取的数目不断增长。储蓄要尽量多，储蓄还要持续不断，这样才能为自己慢慢积攒第一桶金。

6. 利滚利存款法

利滚利存款法是存本取息与零存整取两种方法完美结合的一种储蓄方法。这种方法能获得比较高的存款利息，缺点是要求大家经常跑银行。具体操作方法是：比如你有一笔 10 万元的存款，可以考虑把这 10 万元用存本取息方法存入，在一个月后取出存本取息储蓄中的利息，把这一个月的利息再开一个零存整取的账户，以后每月把存本取息账户中的利息取出并存入零存整取的账户，这样做的好处就是能获得二次利息，即存本取息的利息在零存整取中又获得利息。年轻的朋友不怕多跑银行的可以试试这个方法。这种滚雪球式的存钱方法比较划算。

储蓄生息三大"法宝"

在低利率和 CPI 高企的情况下，科学选择存款方式显得非常重要。此外，随着储蓄品种的增多和银行服务的完善，储蓄理财已不是简单的存存取取，而是需要因人而异、因地而异，掌握其中的"法宝"，这样才能让存在银行里的钱最大限度地实现生息。

法宝一：通知存款：活期的存法，定期的收益

假如你是一位生意人，经常要把大量货款存在银行里，并且只能存成便于支取的活期存款，有时几十万元的款项在银行一放就是两三个月。而活期存款税后利率收益太低，想寻求一种既不耽误进货，又能最大限度生息的存款方式，这时就可以存 7 天通知存款。这样既保证了用款时的需要，又可享受较高的利息。通知存款中，7 天通知年利率为 1.71%，是活期 0.72% 的 2.37 倍，所以要尽量将存款定在 7 天的档次。

通知存款是指存款人在存款时不约定存期，支取时需提前通知银行，约定支取存款日期和金额方能支取的一个存款种类。按照人民银行《通知存款管理办法》规定：通知存款最低起存金额个人为 5 万元，通知存款不论实际存期长短，均按存款人提前通知的期限长短划分为 1 天通知存款和 7 天通知存款两个品种。1 天通知存款必须提前 1 天通知银行，约定支取存款，年利率为 1.17%；7 天通知存款必须提前 7 天通知银行，约定支取存款，年利率为 1.71%。

从利率上看，取款相对灵活的通知存款利率比活期高出不少。对于存取金额较大的客户来说是非常合适的。

法宝二：巧选银行：也能多得利息

林女士一直认为银行都是执行国家的统一利率，所以她一般就近随意选择一家银行存款。但有一次探亲时她发现老家的农村信用社存款利率比其他银行高 30%。于是她便把家中的积蓄全部转到了老家的信用社。一年下来她 10 万元的存款实际取得利息 2059 元，比在其他银行多出近 500 元。

同一个地区的不同金融机构存款利率不一样，是很常见的情况。经人民银行批准，浙江、福建、黑龙江、吉林等省部分市县的农村信用社实行利率改革，存款利率最大可以上浮 30%。农村信用社经过改革之后，政府和银监局对其监管力度加大，风险相对降低，广大居民可以在考虑存款安全的前提下，选择利率较高的金融机构。

另外，时下许多银行推出了理财产品，把钱放到银行里，他们会集中这些资金进行国债回购、购买记账式国债、炒汇、申购新股等理财运作，盈利之后向投资人发放"利息"。对于储户来说，这种"存钱"方式可以和储蓄一样省心，又可获取高于定期存款的收益。习惯和银行打交道的投资者们不妨一试。

法宝三：存期长短相结合

存款应根据自己的实际情况预测支取时间，并按照存款的用途选择长期存款和短期存款相结合的方式，才能够最大限度地提高利息收益。比如你手中 12000 元钱，其中 10000 元的用途是应付 5 年后孩子上大学或购房等开支，5 年期存款可以有三种存法：将 1 万元存一个 5 年定期，其利息是 1395 元；先存一个 3 年定期然后连本带息再存一个两年定期，其利息是 1240 元；连续存五个 1

年定期，其利息是 1029 元。最高利息和最低利息相差 366 元。由此可见，这10000 元当然应选一个 5 年定期或三年加两年的方式。如果你手头的另外 2000元及今后的积蓄属于短期用途或支取时间无法预期，为了用钱方便，宜采用滚动式短期储蓄，即将 2000 元先存一个一年或两年的存单，隔段时间再把手中积蓄存一年或两年的存单，以此类推。这样一年后，每隔一两个月就有一张存单到期，用钱时很方便，如果不用可继续滚动存储，就像滚雪球一样，积蓄越滚越多。另外，这种存法如果遇到利率上调，就可将陆续到期存单及时转存，享受调高的利率；遇到股市、发行债券等收益高的投资机会也便于及时抽出资金进行投资。

一定要有储蓄目标

生活中几乎所有人都做过储蓄，但是效果却非常不同。有人的储蓄能在最困难的时候帮助他渡过难关，而有人的储蓄则"钱到用时方恨少"。究其原因就是有些人有意识地按计划科学储蓄，而有些人是在无意识储蓄。

很多人是把自己每月花剩下的钱用来储蓄，多剩多存，少剩少存，不剩不存，没有一个明确的目标；有些人可能会很有规律，每个月都固定存入一个金额，但是仅仅是为了强制储蓄，怕自己乱花钱，问他为什么这样存，他就很难回答。这说明这类人只把储蓄当作一个好习惯，但是还没有投资理财的明确目标。

投资理财是为以后的生活打基础，是为了实现自己的财务目标而服务的。定时储蓄就是投资最初的来源，具有重大意义。因此投资者要有科学合理的规划，才能确保财务目标的顺利实现。

合理的储蓄应该在科学理财目标的引导下进行。投资者应该精确地计算出为实现目标每月必须储蓄的金额。然后量入为出，定时按此金额进行储蓄，才能保证自己的目标按时实现。

至于每月支出的数额，应该是每月的总收入额扣除每月的储蓄额后的结余。很多投资者可能会问："收入−储蓄=支出"和"收入−支出=储蓄"不是一样吗？只看数字的话，的确是相等的；但从储蓄值上看，它们有天壤之别。

工薪阶层每个月的收入基本上都是确定的，可以变化的也就是支出和储蓄了。如果按后一个等式，储蓄值就有可能无限小。这也就是很多人存不下钱的原因所在。只有有意识有目标地储蓄，真正把储蓄当做一项事业去完成，才有成功的可能。

例如北京的梁先生，25 岁，大学毕业刚刚两年，月收入税后 4000 元，父母是南方普通农民，没有收入和保险，需要梁先生赡养，女朋友是大学同学，已经相恋多年。

梁先生从上班第一个月开始制订储蓄计划：因为与人合租房子，所以租金相对便宜；每月固定房租、水电煤气电话费等固定支出 500 元；赡养父母每月200 元；单位负担午饭，所以早饭和晚饭都是自己做，每月 300 元；交通费每月 150 元；每月计划外开支大约 850 元；每月固定储蓄金额 2000 元。

现如今工作已经四年的梁先生手里已经有了快 10 万元的存款，如果买个位置偏远的小房子，都快够付首付了。梁先生知道北京亦庄通地铁了，打算在亦庄贷款买个四五十平方米的房，彻底结束在北京租房的漂泊生活。

梁先生这种聚沙成塔的存款方式特别适合那些工资收入不太高、需要精打细算的人。

再来看看邹先生，32 岁，大学毕业已经 9 年，在合资企业供职，未婚，税后月薪 6000 元，家庭情况与梁先生相似。每月房租支出 1800 元，水电煤气电话固定支出约 500 元，赡养父母每月 300 元，一日三餐自己负担（晚饭经常和朋友下馆子），约 1200 元，交通费平均每月 1000 元（私家车），其他几乎就都是计划外开支了，有时 6000 元坚持不到月底。因此，看似潇洒的邹先生，已在北京工作生活 9 年了，但还过着租房的生活。虽然现在各路专家仍在争论是租房合适还是买房合适，但在普通中国人的眼中房子并不只是单纯意义上的房子，它是家的象征，是生活稳定的基本条件。

邹先生是属于典型的高收入、高支出、储蓄率较低一族。所以邹先生应该每月强制存款 3000 元；同时房子换成位置偏一些的小房子，或是与人合租，以此降低每月房租支出；养成自己做饭的好习惯，减少下馆子的次数，以此控制不必要的浪费，也有利于身体健康；减少私家车使用次数，尽量使用公共交通工具减少每月交通费，还有利于环保和减轻社会交通压力。

现在社会，像梁先生那样会理财的年轻人越来越少了，取而代之的是像邹先生那样追求享受的人。会享受会生活并没有什么不好，但是如果只追求"今朝有酒今朝醉"，甚至不顾个人收入攀比消费追求时髦，那么最后就只能是成全了销售商，自己却落个老无所养的下场。

为什么养老风险被很多年轻人忽视呢？主要是因为：

（1）国家养老观念还在人们头脑中作祟。很多年轻人总觉得我有养老保险，养老不会有什么问题。其实社会保险提供的退休金数额只能保证一个人的最基本生活，完全不能满足人们的较高生活需要。

（2）过惯了富裕的生活，没有忧患意识。这些人中以独生子女居多，由于过惯了优越的生活，总是抱着走一步算一步的态度，缺乏对资金的运用进行全盘考虑的意识。

（3）儿女养老观念依旧存在。这些人总认为自己老了以后，孩子会为自己养老。但几十年后，中国逐渐步入老龄化社会，一个年轻的家庭需要面对四个老人（如果还有祖辈的老人压力就更大了），将所有的期望都寄托在刚刚开始立业的子女身上并不现实。

（4）极少数人得过且过，觉得没有必要想得那么远。他们其实是忘了一句古训：人无远虑，必有近忧。

规避储蓄坏习惯

科学储蓄可以成就一个人的财富梦想，但是不当储蓄会使自己的利息受损甚至使存款"消失"。为了防患于未然，储蓄者应该改掉以下坏习惯：

1. 定期、活期不注意

储蓄中不同的储种有不同的特点，不同的存期有不同的利率。活期存款灵活方便，流动性强；定期存款期限越长，利率越高，流动性较弱；零存整取储蓄存款，积累性较强。如果不注意合理选择储种，就会损失利息。

不少储户认为，现在利率很低，存定期存款和存活期存款收益差不多。这种想法其实是很片面的，虽说现在存款利率不算高，但定期存款的利息明显要高于活期存款。在选择存款种类、期限时应根据自己的消费水平和用款情况来确定，能够存3个月定期存款的绝不存活期存款，能够存半年定期存款的绝不存3个月。

2. 密码设置不慎重

设置密码本来是为了让存款更安全，但是很多储户设置密码非常不慎重，严重威胁了存款的安全。有的人喜欢用自己的生日作为密码，觉得这样记得牢，但这样的密码安全性很差，生日通过身份证、户口簿、履历表等很容易被他人知晓，从而破译了你的密码。一旦账号被别人知道了，即使存折或卡不丢，别人仍然可以取走你的钱；有的人喜欢选择一些吉祥数字，如 666、888、999 等，这些数字也容易被破译。所以选择密码一定要注重保密性，最好选择不容易被他人破译的数字。总之，常用的号码，最好不要作为预留的密码。

3. 大额现金一张单

很多储户都喜欢图省事，把很多钱存成一张大额存单，虽说这样便于保管，但却不利于使用，有时也会让储户无形中损失"利息"。

我国新的《储蓄管理条例》除规定定期存款逾期支取，逾期部分按当日挂牌公告的活期储蓄利率计算利息之外，还规定定期存款提前支取，不管时间存了多长也全部按当日挂牌公告的活期存款利率计息。

如果定期存单未到期，一旦需要使用少量现金，也得动用"大"存单，就会有很大的损失。虽说目前银行可以办理部分提前支取，其余存款还可以按原利率计息，但只允许办理一次。所以最好使用小额的多份存单。

4. 提前支取损利息

许多人在急需用钱时，由于手头资金不足，又不好意思向别人开口，往往提前支取已经存了很长一段时间，或者马上就要到期的定期存款，使定期存款的利息全部按活期储蓄利率计算，这么做会造成不必要的"利息"损失。

现在银行都开展了定期存单小额抵押贷款业务，在需要提前支取定期存款时要多想想、多算算，将手中的定期存单与贷款巧妙结合，看看究竟是应该提前支取，还是该用该存单作为抵押贷款，争取将提前支取的利息损失降到最低。

5. 到期之后久不取

我国新的《储蓄管理条例》规定，定期存款到期不支取，逾期部分全部按当日挂牌公告的活期储蓄利率计息。实际上很少有人注意关注自己的定期存单的到期日，常常是存单已经到期很久了才去银行取款，殊不知这样一来已经损失了利息。所以储户应该常检查存单，一旦发现定期存单到期就要尽快支取，以免损失利息。

6. 存单保管不精心

很多人都是只注意保管现金，却不注意保管存单。有的随便往抽屉里一扔，有的随便往书里一夹，这样很容易忘记或丢失。

最好把存单放在一个比较私密的地方，与此同时，还要把所存机构地址、户名、账号、存款日期、金额等记在记事本上，万一发生丢失或被盗，可以根据资料进行挂失。存款人还应注意，存单一定要与身份证、户口簿等证件和印鉴、密码登记簿分开保管，以避免存单与这些证件、印鉴、密码登记簿被人一起盗走后冒领存款。

第十一章 6%保险

——让你的一生努力不至于归零

这个世界你能依靠的六张保单

得克萨斯州休斯敦市首富丹·L.邓肯，2010 年 3 月因脑溢血逝世，留下了 90 亿美元巨额遗产。按照执行多年的遗产税法，其遗产除去留给遗孀的免税部分，将被征收 45%，即 20 亿美元的重税。

遗产税确实是困扰西方人的一个巨大难题。

一个人从一出生开始，就面临着各种各样的风险。作为社会群体的一员，作为家庭的一员，我们在人生的各个阶段实际上都承担着不同的社会责任和家庭责任。在追求人生的自我价值实现的过程中，谁不希望摆脱后顾之忧？尤其是面临天灾人祸时，在这个世界上还能依靠谁？

安全与保障是每个人生命中最基本的需求，历来都是我们迫切关注的。从单身到成立家庭，从养育后代到养老与遗产问题，在这个世界上，每个人的人生历程中都需要六张保单为自己护航：

1. 意外险保单

2011 年 7 月 23 日晚，温州发生动车追尾事故，造成多人伤亡。此次事故再次引起广大市民对意外伤害险的关注，有保险业人士表示，旅客为保护自身合法权益，最好先投意外伤害险再出行。所以，出门在外，没有保险，万一碰到意外，会给家人的生活带来很大麻烦。

买一份意外险是对生命安全的保障。尽管意外险不出险的情况下，不能获得返还与收益，但与其高额的赔付金相比，每年几百元的投入就显得微不足道。任何其他一个险种都不可能像意外险一样，有如此之高的保障功能。

另外，意外险的附加险种也是必要的选择。因意外发生的医疗赔偿，包括门诊、挂号费、住院费、小手术费用，全都可以通过附加住院与手术补偿来实现。

2. 重大疾病险保单

有一项调查显示，我国目前所有死亡的人群中，**65%** 是因为疾病。随着年龄的增加，患病（特别是重大疾病）的概率也在增加，而重疾险的保费随年龄增长开始大幅提升。因此，重大疾病险是越早投保越好。

出险的情况下可以获得赔付，大病医疗保险也是转移风险、获得保障的方式，也是理财的最佳选择之一。

3. 养老保单

随着独生子女政策的执行，预期将来会出现大量"四二一"或"四二二"家庭。4 位老人的养老负担，对子女是种巨大的压力。所以尽早规划自己的养老问题，是对自己和子女负责任。

养老保险要在自己力所能及的情况下越早购买越好，养老保险兼具保障与理财功能，可以抵御一部分通货膨胀的影响。当物价、生活水准、利率发生波动时，保险公司还会用提高养老金给付标准的办法，来抵消物价变动导致的不良后果，保障投保人的权益不受损失。

4. 定期寿险保单

现阶段，房子、车均成了都市一族的必需品，上班族们虽然有着不菲的收入，但是高额的贷款还是令人喘不过气来，这时候，定期寿险就能给投保者保驾护航。

定期寿险是为投保人提供一个确定时期的保障，到被保险人达到某个年龄为止。指保险合同在约定的期间内，如果被保险人死亡，则保险公司应以约定的保险金额给付死亡保险金。假如你办了 60 万元分期 20 年付款的房贷，就可以购买一份保额、保险及缴费期限与房贷年限相等的定期寿险。假如被保险人在保险期内身故，获得的保险赔付足可以让家人继续把房子供完。

5. 子女的教育保单

随着教育制度改革的不断深入，家庭在子女教育上的费用支出持续攀升，父母都希望孩子接受良好教育，给孩子提供良好的成长空间。因此家长应该在孩子年幼时给孩子未来做一个良好的规划，助孩子成长一臂之力。

很多保险公司都有一些专为儿童设计的险种，能帮助家长为孩子将来就读高中和大学时准备好充足的教育费用。据调查，目前一线城市中家庭平均教育支出，已经超过家庭总支出的 1/3。投资教育保险最大意义在于，针对传统教育金保单投资回报能力不足的现状，可以让保户在享受投资收益的同时能够不断充实子女成长和教育所需的资金储备。

6. 避税保单

遗产税在不久的将来很可能会参照国际惯例开征，如果给子女足够的现金和存款，庞大的遗产税往往会成为子女沉重的负担。一份可以避税的人寿保单就成了投保人最佳的选择。

所有保险赔偿金都是免税的，只要你购买了一份高额的人寿保单，就能为下一代留下一笔不用缴税的遗产。

中国的情况毕竟不同，不用面临巨额的遗产税，但是，即便如此，养老金和万能寿险还是非常必要的。有了这两张保单不仅给晚年多了份保障，另外，不论投保人是否在世，养老保险金可持续领 10~20 年，甚至到 105 岁。

保险与保险公司的选择方法和原则

保险分为储蓄型险种和投资性险种。随着人们"钱生钱"观念的强化，投资型险种越来越受到青睐，许多民众感受到了保险带给人们的震撼。《国务院关于保险业改革发展的若干意见》的颁布，进一步确立了保险业在国民经济发展与和谐社会建设中的地位和作用。专家认为，随着个人财富的积累和个人投资理财意识的显著增强，投资型保险产品将迎来较大的发展。

与一般传统的保险产品不同的是，投资类保险产品不但具有保险的保障功能，更兼有投资收益功能。买了这类产品，在享有保障的同时，更有一定的投资收益。保险最重要的功能就是在未来风险出现时对损失的一种经济补偿。所以，不应简单地将保险的收益率与其他投资理财产品相对比，并据此考虑保险投资合不合算，而应切合实际地为自己和家人购买合适的保险产品。

由于缺乏保险知识，再加上一些保险代理人的"大力"推荐，多数市民购买保险并不理智。如何理智投资保险产品，切合实际地为自己和家人购买合适的保险产品成为很多人面临的新问题。在选择购买投资类保险产品的时候，需要注意以下四个原则：

1. 明确自己的保险需求

保险最根本的意义是保障风险，每一个投资者在人生不同阶段选择保险的种类不同。因此并不是每个人都适合购买投资类保险产品。投资者应明确自己的风险情况，了解自己的保险需求，再考虑买些投资类产品。

如果忽略这一条，突遇风险，有的投资类保障产品却不能理赔，还要继续每年交不菲的保费，经济压力就会非常大。

2. 要选择具体保障功能

无论买何种保险产品，第一要考虑的是保险的保障功能。与传统的保险产品不同的是，只有在全残与身故的风险发生后，投资类保险产品的保障功能才可以生效。所以，当消费者在购买投资类保险产品时，一定要明确此类产品保障功能的范围。只有将保障功能作为买投资类保险产品的动因，才是正确的思路。

3. 选择性价比最优的产品

投资者找到真正满足自己保障功能，性价比最优的产品是很重要的。成百上千的保险产品看起来很相似，其实每个产品设计上特色不一样，保险产品针对不同的客户利益也不一样，有句话叫做保险产品没有绝对最优，只有相对最优。消费者明确产品的时候要选择对自己相对最优的保险产品。

比如，子女教育险。在少儿时期购买保险产品要比成年后便宜，是一种比较经济的做法。买保险应先考虑孩子的成长与健康，根据家庭收入的高低，家长可以选择不同类型的保险，低收入的家庭可以考虑低保费、高保障的人身险种，高收入的家庭除此之外还可以购买一些身故保障和生存保障并重的两全保险，或者分红型的产品。投资类产品，最好从保障第一收益第二的角度来考虑如何安排子女的保险计划，最后把全家的保险计划统一考虑和安排，避免保单之间交叉重复，让有限的资金发挥最大的作用。

4. 在注重以上原则的同时，选择保险公司也很重要

随着市场竞争越来越激烈，很多保险公司在险种上不断推新，新的管理、新的技术也会不断地走进保险公司。各家保险公司保险产品差异不大，价格也差不多，所以投资者在选择上要注意几大标准。

（1）选对保险公司。一家有实力的保险公司是和投资者的利益挂钩的，从它经营状况可以看出偿付能力和财务状况。所以选择保险之前要选好保险公司，选好保险公司首先是看实力，符合《保险法》的要求，最好是全国性大公司。

服务质量好的保险公司，能够为投保人着想，从客户一开始投保，就能够从各个角度体现服务的理念。一旦发生保险责任，客户能够及时地得到理赔。

（2）对代理人素质的选择。一个素质良好的代理人，为客户设计保单时，能够从客户的实际需要出发，不一味追求高额的保费收入。在保单的保全服务中，能够树立长期服务的思想，而不是一味追求利益的短期行为。

（3）对险种的选择。不同的保险公司，同样产品的价格可能不同，因此如果您选择了一类保险，可以把不同公司的险种作个比较，就能选择一种更侧重于您需要的。

目前我们国家市场上销售的各类险种，条款基本大同小异。比如医疗险，您可以把不同公司的医疗险种做一比较，虽然都是医疗险，但可能各家公司的侧重点都不同，投资者可以选择一种更侧重于自己需要的，如有无免赔额。

另外看报销额度是年累计额还是每次的额度，报销有无次数限制等。理赔条件也有优劣之分，如是否有指定医院限制或地域限制等。一个好的保险公司，应当尽可能满足各种投保人的不同需要。投保人应该选择能为自己提供恰当保障的保险公司。

（4）对保险公司分布地点选择。对分布地点广泛的保险公司也是我们选择的一个条件。因为，投资者一旦迁往异地或异地出险，而在当地又没有这家保险公司的分支机构，会给投资者的缴费、理赔造成不便。

投资者购买保险不要以为买了投资类保险产品，投资收益就能稳定拿到。投资类保险产品的投资收益是随投资市场上下浮动的，所以良好的抗风险的心态，是购买投资类保险产品时必须要具备的。

选择、巧用保险缴费期

李女士打算购买分红型终身寿险产品，但是不知道缴费期是 10 年期的好，还是 20 年期好。

朱先生当初按合同规定，必须在每年 10 月缴保费。可现在由于工作变更，10 月没有收入缴纳保费，不知道能否将缴费期转在 12 月份。

……

随着保险产品的缴费期越缩越短、选择越来越多，消费者对于保险缴费期的选择越来越感到困惑，不知道究竟哪种期限最合适。

1. 缴费期到底多久最合适？缴费期能否变更

对以上问题专家根据不同的险种做了四点总结：

（1）缴费方式的选择应根据自己的收支状况、年龄与保障的需求来决定。选择分红型险种的缴费期限越短，所得利益可能更多。3 年和 5 年所缴保费总额相差不大。

（2）健康险是期缴更好，在确定投资期限时，缩短缴费期无疑会更为经济，但延长缴费期在保障方面却更有利。

（3）养老保险都是限期缴费的年金保险，即投保人按期缴付保费，到特定年龄时以"年金"的形式开始领取养老金。缴费方式上有趸缴、10 年、20 年缴清等多种选择。

（4）缴费期变更，要在保险合同有效两年后且保单缴费期届满前，保单周年日对应的应缴月或其前一个月内可申请办理。在变更缴费期情况下，就等于原先保险合同上签订的保障利益也要随之改变。这样会给投保人在经济上带来很大的损失，一般不予采用。

总的来说，从保障角度考虑选择中长期缴费比较划算。若选择期缴方式购买了健康险等险种，一旦在缴费期内身染重疾，那么，可能只需支付总保费的几分之一甚至几十分之一，即可享受高额的保险保障。

2. 怎样更完美、巧妙地运用保险缴费期

对于此问题专家做出了以下几点总结：

（1）巧用缴费方式。如果不想因"筹集保费"给周围的人添麻烦，也可以根据自身经济状况，把握好缴费方式。不妨改"年缴"为"季缴"，避免一次年缴的数额较大而导致自身现金流"捉襟见肘"，通过年内分期缴费以分担一次性缴费风险。如采用季缴方式需要缴纳一定的利息。

（2）善用"宽限期"。投保人有可能在缴费时期可能出现难以筹集保费的情况，因此，就要善加利用 60 天的宽限期。在宽限期内，保单依旧有效。如果投保人在宽限期后缴付保费，由于某些附加的医疗险种与意外险种的合同有效期只有一年，那么投保人要重新面对等待期。等待期内，假如不幸遭遇附加险责任范围内的事故，保险公司将不作理赔。

当投保人发觉自己一时难以筹集保费，一定要善用"宽限期"，在宽限期内想办法缴付保费。

（3）妙用"现金价值"。如果投保人连"季缴"等方式都难以承担，就不妨考虑向保险公司以"现金价值"抵押贷款，缴付保费。

所谓现金价值抵押贷款，就是保险公司从您保单中的"现金价值"取出您所缴的保费额，在约定的期限内，投保人再将其还入"现金价值"中。建议经济实在困难的投保人可通过"现金价值抵押贷款"，来支付保费。

（4）作用巨大的"减额缴清"。减额缴清，就是保费到期又没去续交保费时，保险公司就从保单现有的钱中帮你自动交费，但相应的就将原有的保额减少，如果继续不续费，保险公司就会一直用保单上的钱去缴，直至保额为0。而我们要做的，就是当投保人在投保期内难以继续缴付保费时，要用好"减额缴清"保障保险利益。"减额缴清"功能很多，比如投保人由于遭遇意外伤残而无力继续缴付保费时，保险公司会将投保人曾经所缴付的保费分摊到未来缴费期限中，或者适当地减少缴费期限，以避免投保人面临退保，遭受经济损失。

假设，某人在投保后第 5 年由于各种因素难以再续缴足额保费，在使用"减额缴清"功能时，除了保费分摊、缴费期限缩短外，即使将来患上大病险责任内的疾病，保险公司同样会进行理赔的。只是由于缴费金额的减少，投保人所得到的保险赔付金也会相应减少。

融资新世界，保单可以变现钱

现在投资渠道越来越多了，很多人都想多筹点钱去大赚一把。不少人看着手中的保单左右为难。如果退保，不仅遭受损失而且长期看还要承担很大的风险；如果不退，眼睁睁看着赚钱的机会从眼边溜走。有没有折中的做法，既能延续保单的有效性，又能融到资金呢？

余女士由于急需用钱，准备把在银行购买的价值 8 万元的储蓄分红型保险提前退保。保险公司经过计算后，只能退给她大约 7.3 万元。对此，余女士认为保险公司的做法不公平。

但是，业内人士认为，余女士对保险单的功能并不了解。这是因为，如果她将这份保险抵押给保险公司，她不需要退保就可以从保险公司"借款"应急。其实在现实中，很多投保人都跟余女士一样对保险单的这种"抵押借款"功能并不了解。从某种意义上说，人寿保单是具有融资功能的。

今年 29 岁的刘小姐打算投资开个小咖啡馆，但是还差 2 万元。经过咨询，刘小姐利用了自己手上的一张重疾险保险单，从保险公司顺利借到现金 2 万元。刘小姐说："原本打算提前终止这份保单后提出现金，那样我就要亏一大半。现在知道可以利用保单贷款，既不用提前终止保单，还可以有半年还贷时间，正好缓解了我当下的燃眉之急。"

所谓"抵押借款"，其实叫"保单抵押贷款"。它是指投保人以保单作为抵押物，向保险公司或银行申请一定金额的贷款，到期按约归还贷款本息的一种信贷行为。对于投保人而言，在用保单进行贷款抵押后，该保单的所有保障不变，如果投保人在保障期内出险，仍将按合同约定获得赔偿，但赔款首先将用于清还借款。

只需要搞清楚以下几个问题，保单就可以轻松变现。

（1）如何办理抵押贷款？投保人可以向保险公司或者银行申请保单抵押贷款。保单抵押贷款的手续比较简便，通常 2~3 个工作日即可完成审批，申请人即可领到现金。投保人只需带齐身份证和保单原件，本人亲自到保险公司柜台或者银行的相应服务窗口办理申请手续即可。而由于保单的信誉度高，银行比较乐意接受这类抵押物，一般不会对其进行评估鉴定。

（2）所有保单都能抵押吗？可以用来抵押贷款的是具有储蓄功能的养老保

险、投资分红型保险及年金保险等人寿保险保单，并且需要缴纳保费超过一年。而医疗保险和意外伤害保险以及财产保险都不能抵押。另外，已经发生保费豁免的保单也不能办理贷款。保费豁免即投保人发生意外后，保单受益人无须继续缴纳保费，可以继续享受保单保障，该项功能多出现在少儿险产品中。

（3）能变现多少？至于一张保单能贷到多少钱、能贷多久，银行和保险公司在保单抵押贷款的额度和期限上均有所限制，且各有不同。贷款金额视保单的现金价值而定。保险公司规定的比例通常为保单现金价值的70%左右，而银行规定可以达到现金价值的90%。现金价值是指带有储蓄性质的保单所具有的价值，是客户所缴保费高出保障成本、经营费用的部分及其利息的积累，扣减相应的退保费用后的剩余部分。通俗地讲，现金价值就是客户退保或解约时退回的钱。对于贷款期限，保险公司保单抵押贷款的期限一般不超过6个月，而银行相对宽松，贷款期限从1~5年不等。贷款利率则均以银行同期贷款利率计算，变动不会很大。

当然，还贷时间和金额也非常灵活，完全取决于客户本人的决定。客户每次借款期限为六个月，但只要保单缴费有效，每次期满时都可以通过偿还利息使借款续借，每次续借同样是六个月而且续借的次数不受限制。

（4）出险后可以照样赔付吗？贷款期间贷款人出现了意外怎么办？有关专家表示，在客户贷款期间，如果发生生存领取、退费等情况，当贷款本息大于或等于保单可借金额时，公司将不必通知客户，将给付金直接偿还借款本息。对于理赔的客户，将在扣除贷款本金利息后给付相应的保险金。

（5）保单变现的风险在哪里？有关保险专家表示，如果借款人到期无法按时还款，可以先办理续借手续，只需支付利息即可。如果确定无力支付本息，则利息会计入本金继续滚动，直到保单剩余的价值不足以偿还借款和利息，保险合同就会自动中止。

当然，也要提醒投保人，买保险是为了获得长期保障，如果为了短期的获利而将保单抵押贷款变现的资金投入风险较大的领域，例如股市，就会承担很大的风险。一旦投资失利，无法按时还本付息，保单受益人将失去保障权益，因此保单抵押贷款不适合炒股等高风险投资。

第三部分　从年轻富到老

——一生的理财规划

第十二章　与财富做一辈子的情人

撷取钱赚钱的复利方法

所谓复利，就是俗称的"利滚利"、"驴打滚"，指经过一定时期，将所生利息加入本金再计利息，逐期滚算。

2011 年 8 月 22 日，重庆市高级人民法院出台了《审理民间借贷纠纷案件若干问题的指导意见》，首次表态支持民间借贷按"利滚利"收账，只要约定利率不超出人民银行公布的同期同类贷款利率的 4 倍，法院应予以支持。

这也就意味着，对复利的计算不再是银行等金融机构特有的权利，对普通市民也赋予了此项权利。同样地，在我们投资理财的过程中，复利所产生的效益也是不容小视的。

以存银行为例，存入 1000 元，假设一年期的利率是 5%，那么存满一年就可以得利息 50 元，你就可以把 1050 元再存入，那么 50 元的利息就可以并入本金一起生息了，第二年的利息就是 1050 × 5% = 52.5 了，如果一直这样存下去，那么利息会越来越多。同样的方法可以用到很多投资领域，比如股票、债券等，如果运用得当，可以收到非常可观的收益。

1. 复利的力量

复利是很厉害的，如果选对项目，坚持投资，收益将是惊人的！

复利的力量是无穷无尽的，我们来看个"一粒麦子令国王破产"的故事：

古时候，一个聪明的人发明了一种棋献给国王。国王玩得爱不释手，决定好好赏赐智者。智者提了个与众不同的要求："我什么都不要，只请大王在棋盘的第一个格里放一粒麦子，第二个格里放二粒麦子，第三个格里放四粒麦子……每个格子都放进比前一个格子多一倍的麦子，依次类推放下去64个格子放满了，这些麦子就当是送给我的全部赏赐。"国王一听，觉得太简单了，这点麦子算得了什么？就一口答应了。第二天，没想到粮库就空了！因为国王根本拿不出那么多麦子来！

究竟有多少？如果造一个高 4 米、宽 10 米的仓库来放这些麦子，那么它的长度就等于地球到太阳的距离的两倍。而要生产这么多的麦子，全世界要整整 2000 年！国王显然失算了。

这就是复利的力量。爱因斯坦称复利为"世界第八大奇迹"，其威力不亚于原子弹。

2. 复利就是钱生钱

复利是一种利息计算方式，利息呈几何级数增长，是多种小钱赚大钱的奥秘所在。复利的计算公式是 $y = N(1 + p)x$，其中 y 指本利合计，N 指本金，p 指利率或投资收益率，x 指存款或投资的时间。

1896 年，诺贝尔捐献 980 万美元作为诺贝尔基金会的原始基金。该奖项每年发出的奖金高达 500 万美元。1953 年，基金会只剩下 300 多万美元，眼看支撑不了几年，基金会便实行变革，将原来只准存放银行与买公债的理财方法改变为以投资股票、房地产为主。结果，到 1993 年，基金总资产增至两亿多美元。

复利是现代理财的一个重要概念，由此产生的财富增长，称作"复利效应"，对财富可以带来深远的影响。假设投资每年的回报率是 100%，本金 10 万元，如果只按照普通利息计算，每年回报只有 10 万元，10 年也只有 100 万元，整体财富增长只是 10 倍，但按照复利方法计算，首年回报是 10 万元，令个人整体财富变成 20 万元，第二年 20 万元会变成 40 万元，第三年 40 万元再变 80 万元，10 年累计增长将高达 1024 倍（2 的 10 次方），亦即指 10 万元的本金，最后会变成 1.024 亿元。

3. 决定复利的两个因素

复利原理之所以能有巨大的魔力，主要取决于两个主要因素：时间和回报率。

时间的长短将对最终的价值数量产生巨大的影响，时间越长，复利产生的价值增值就越多。同样是 10 万元，按每年增值 24% 计算，如果投资 10 年，到期金额是 85.94 万元；如果投资 20 年，到期金额是 738.64 万元；如果投资 30 年，到期金额是 6348.20 万元。由此可见，时间越长，最终的价值越大。

回报率对最终的价值数量有巨大的杠杆作用，回报率的微小差异将使长期价值产生巨大的差异。有人曾对 10% 与 20% 的复利收益率造成的巨大收益差异进行过分析：1000 元的投资，收益率为 10%，45 年后将增值到 72800 元；而同样的 1000 元在收益率为 20% 时，经过同样的 45 年将增值到 3675252 元。收益率只有 1 倍的差异，而最终的收益却产生了 50 多倍的差异，这是多么惊人。

李嘉诚先生从 16 岁开始创业一直到 83 岁时，白手起家 67 年，家产就已达

260亿美元，对于普通人这是一个天文数字，是不可想象的，李嘉诚也因此成为世界华人的首富。但是我们仔细来算，如果我们有10000美元，每一年复利达到24.7%，用同样时间，就可以做得同李嘉诚一样出色。猛然看，一年24.7%的利润并不高，我们也许会在一两个星期的时间里获得比这高得多的收益，但事实上，成功的艰难不是在于一次两次的暴利，而是持续的努力与保持。

4. 复利72法则

我们经常运用72法则来做复利的近似计算，即用来计算在给定的年收益的情况下，大约需要多少年，你的投资才会翻倍。也就是如果年收益为x%，那翻番需要的年份就是72/x，这就是所谓的72法则。

比如年收益是8%，那用72/8 = 9，也就是约9年可以将投资翻番。如果年收益为12%，翻番要的年份就是6年；而如果收益是15%，翻番要的时间就是5年。这样也就很容易算出，如果收益是12%，那18年就可以翻三番，也就是8倍。如果收益15%，那20年可以翻四番，也就是16倍。

虽然利用72法则不像查表计算那么精确，但也已经十分接近了，因此当你手中少了一份复利表时，记住简单的72法则，或许能够帮你不少的忙。

最后，我们可以用这个工具，简单地计算一下目前通过正常投资途径实现翻番目标所需要的时间。

（1）开放式基金。如果选择一只好的基金，其回报率为8%，则本金翻一番所需的时间：72 ÷ 8 = 9年。当然，开放式基金的业绩良莠不齐，需要认真选择。如果不幸选择了一只亏损基金，只能期望保本了。所以投资回报也是跟风险相关的。

（2）储蓄。当前一年期的定期存款利率为3.6%，税后为2.88%，假设利率保持不变，则本金翻一番所需时间：72 ÷ 2.88 = 25年。当然，存款利率随央行调整，前几年只有2.25%，税后为1.8%，这样翻番却要72/1.8 = 40年。

（3）国债。我们以加息后的三年期凭证式国债计算，利率为3.37%，本金翻一番所需的时间：$72 \div 3.37 = 21$ 年。

（4）货币基金。货币基金的年平均收益率一般为2.8%左右，本金翻一番需要的时间则为：$72 \div 2.8 = 25.7$ 年。

相对于开放式基金，储蓄、国债、货币基金利率低，但是风险也低得多。

（5）信托。年利率大约为4.8%，购买信托产品，本金翻一番所需的时间：$72 \div 4.8 = 15$ 年。

（6）人民币理财。前几年，1年期产品的年收益为3.03%，本金翻一番所需的时间：$72 \div 3.03 = 23.7$ 年。当然这几年人民币理财产品也提高收益率。

（7）保险理财。近年各保险公司陆续推出带有寿险保障的理财类产品——万能寿险。具有终身保底；复利计息；缴存灵活等特点。

以上数据，根据国家货币政策和市场情况，不断在变化，只是参考。不同时期，大家可以换利率重新计算比较。要想实现家庭财产的增值，就要转变传统的"有钱存银行"的老观念，根据自己的风险承受能力，尽量选择收益高的理财产品。

在投资理财的过程中，如果我们能及时攫取钱赚钱的投资理财方法，那么，你很快就能实现自己的富豪梦。

合理投资自己

在知识经济时代，我们每个人都应该有投资意识，而对于更普遍的人群来讲，投资并不局限在通常的资产上，若投资者想要与财富做一辈子的朋友，首先要学会投资自己，想办法让你自己升值。

所有的投资都有风险，一旦有一天你投资失败，输了所有的家当，但唯独不会输了你自己。假如你的目标是挣钱，你就应该把自己最初的投资放在跟挣钱相关的教育和体验上。

国内某著名公司的秘书小芳，在三年前突然决定投资 10 万元去读 EMBA 时，她的家人、同学及朋友都震惊了，都感觉小芳花数年薪资拿此学位根本就不值，尤其是小芳那些有成就的高阶经理人或企业家朋友更是百思不得其解，怎么也想不通每月上千元薪水的职员竟有如此宏图远志。

而当小芳三年毕业成功获得 EMBA 学位时，该公司人事部郑重宣布，聘这位秘书为国外分公司的总经理，她的家人、同学及朋友又一次震惊了，但该公司的理由很简单：她敢投资自己，公司为何不敢投资她。

所以，在进入社会的前期，我们所需要做的最重要的事情就是投资自己。如同投资者在股市中购买股票一样，要尽最大的努力把所有相关的资料都收集到手中，货比三家，买具有高成长性的绩优股，投资自己也绝对是一件对判断力进行严格考验的事情，也要慧眼识珠，选择"绩优"的学校、专业及证书。

当你还没有任何资产的时候，你更要懂得投资自己，用时间、资历、经验来书写自己人生的履历表。吴士宏就是我们学习的典范。

吴士宏从一个小医院的护士步入企业界，成了 IBM 中国销售总经理，微软中国公司总经理，出任 TCL 信息产业集团公司总裁，加盟奥克斯。

吴士宏没有任何高深背景，也未受过正规的高等教育。她曾在北京椿树医院做护士，获得自学英语大专文凭后，通过外企服务公司进入 IBM 公司，从沏茶倒水、打扫卫生的小角色做起。但是她凭借着自己坚忍不拔的意志和精神，不断地投资自己，给自己加码。

在她的自传里曾经描述过一场对她来说几乎是人生转折点的考试。IBM 公司有一个计算机资格考试，说谁能通过这个考试，就可以到中国香港参加培训，吴士宏下定决心，要参加这个考试。但她当时并不具备考试资格，于是越级跑到人事部经理处多次要求，希望能给她一个机会，如果考试通不过，她心甘情愿。因为她是越级要求参加考试，由此引来直管上司的不满，但结果一些有学历的甚至是名牌大学毕业的人都考在了后面，去中国香港培训非她莫属。

有了中国香港培训的经历，吴士宏不再做后勤，成为了公司的销售员，干了 5 年。5 年内，她的业绩非凡，终于出任 IBM 华南分公司总经理，被同行称为"南天王"。1997 年，她升职任 IBM 中国销售总经理。后来微软用半年时间开始说服她，于是她辞去了 IBM 的工作，出任微软中国公司总经理。吴士宏在微软仅仅用 7 个月的时间就完成了全年销售额的 130%。

投资意识的另一面是要有投资回报意识，明确我的投资是要得到什么，得到多少，而不要盲目地投资。说到教育投资，我们对学历教育的投资多少有些盲目，教育也不永远是好的，坏的教育可能带来人才的贬值。要选择能带来良好回报的优质教育或曰合适的教育来投资。

理财专家表示，在理财愿望增强时，不少人还没有做好充分的准备，缺乏理财知识，往往跟风炒股、买理财产品和基金，哪里火了就一拥而上。相对于高端客户聘请专业理财师帮助其规划财富，普通老百姓更需要学习理财知识，自己打点财富，不但要知道能投资什么产品，更要对个人资产有一个合理的整体规划。

聪明的投资者不会选择盲目孤注一掷的投资方式，那些世界级的投资大师，在投资之前都要做充分的调查、研究、分析和思考。就拿分众创始人江南春来说，这位成功的投资者就是靠着自己丰富的知识和经验，亲手创立并领导着中国市值最大的媒体公司。

江南春自认为是一个特别谨慎、不喜欢冒大风险的投资者，所以才会在投资之前做足一切准备工作，才能打有把握赢的仗。胆小的江南春喜欢做熟悉的投资，认真分析风险，永远不会孤注一掷，分析投资中每一步有可能遇到的问题。

刚入大学第一年，江南春就尝试"下海"，他的第一份挣钱的营生是做家庭教师。可以说这个工作是用知识在挣钱，完全不用任何资金投入，只要投入一定时间和精力即可。除此之外，江南春还做起了电影放映员。当时他是学生会主席，所以利用职务谋些私利，一不违反校规，二不用投资承担风险。最后一个就是做广告。当时的广告全部都是文字形式的，作为诗歌老手的他信手拈来，轻车熟路。于是他一口气就干了三年。到最后大学毕业择业时，江南春依旧抱紧这个职业，不肯放手。

2002 年，江南春创立分众公司，在常人眼里这可是个大冒险，因为这可是一个全世界都没有先例的新模式。可是积累了丰富经验的江南春却不这样认为。

从 1991 年入行到 2003 年，十多年的积累，江南春对这个产业的理解已经非常透彻，业内资源也非常丰富。做了十年功课的江南春认为，这不是一件冒险的事情。这次投资一定可以成功。

在资金方面江南春也做足功课。一开始创业，江南春就把几千万元资产分成两部分：一部分用于养老，存起来；另一部分用于投资，如果投资失败，就决定放弃，绝不追加投资。一个聪明的投资者不会为一件不成功的事就让十年积蓄毁于一旦。所以认真计划后，江南春决定养老资金绝不作投资用途。

可是计划赶不上变化，2003 年的 SARS 病毒，断送了江南春的巨额投资的计划。不甘就此回头的他，又选择了一条最没有风险的第三条路：用别人的钱来挣钱。三思之后，江南春来到分众办公室对面的软银，大嚼三寸不烂之舌，软银还真给他投资了一笔钱。

在业务方面江南春也不敢小视传统的中介业务。他一边做传统业务，一边设计显示屏。等到产品设计好了，就先在小范围做测试，然后再做大范围调研。有初步把握之后，再带广告主去看。当得到广告主的首肯之后，江南春也不会立刻进行大规模生产，而是先找上海前 50 大楼盘，只有说服他们全部接受之后，他才会动手造机器。到了这一步，因为跟前面环环相扣，所以风险几乎都已经化为零了。

总之，每个投资领域都有各自的风险和特点，因此，我们必须学会投资自己，加强各种知识和技能的学习，提高自己的赚钱能力。

第十三章　理财改变家庭

养成理财的好习惯

巴菲特说："一生能积累多少财富，不取决于你能够赚多少钱，而取决于你如何投资理财。"李嘉诚也说："30 岁以前人要靠体力、智力赚钱，30 岁之后要靠钱赚钱。"

据相关统计数据显示，美国人的理财观念最强，有理财观念并付之于行动的人占全国总人数的 75%，在日本也有 60%，中国香港则为 56%，中国大陆却少得可怜，低于 15%。可见，我们亟待提高自身理财意识，养成理财的好习惯。

一、理财提高生活质量

对于一个家庭而言，理财是改善和提高生活质量的内在需要，是抵御不测风险和灾难的积极措施，是安排富余资金、制定投资目标的有力助手。

每个家庭应把收入分为两部分：一部分为消费资金，用于日常购买食品、衣物以及一些必需的开支；另一部分为储蓄资金，这部分收入以备将来急需消费。家庭财富贵在"开源节流"，我们可以通过理财不断获取收入，并将这些收入积累起来，财富的不断积累，会逐步提高生活水准。理财的最终结果是让自己和子女能够保持生活质量，并且积累财富。

通过理财可减少不必要的开支。消费支出一般分为固定支出和可变支出两类。固定支出是指无法控制的开支，比如水电费、物业费、取暖费、保险费等；可变支出是指可以变动的消费开支。这些支出容易控制，比如生活消费品、书报费、医药费、食物、娱乐费、交通费等。将这一部分支出合理使用，并坚持执行，完全可以减少一些开支和不必要的浪费。

二、你不理财，财不理你

能赚钱只表明你生财有道，你还得学会使这些财富保值和增值，做到理财有方。

很多能大把赚钱的名人往往在一夜之间变得一文不值。泰森 20 年的职业生涯中聚敛了约 5 亿美元的财富，他曾仅用 49 秒钟将对手打倒在地，轻松获得 500 万美元的出场费。但 2003 年 8 月 2 日，他却向法院提出了破产申请。高收入的人更应该掌握科学的理财方法来打理自己的财产，为进一步提高生活水平，或者说为了下一个"挑战目标"积蓄力量。

世界上大富大贵的人毕竟是少数，更多的还是普通人，为了让自己和家人生活得好点，大家努力工作、省吃俭用，却从年轻到老都在为钱犯难。他们常常疑惑："钱都到哪里去了？好像什么都没有做，钱就花光了。"原因就是他们没有良好的理财意识和习惯，一辈子都在稀里糊涂地挣钱、无计划地花钱，那么赚得再多也只能受穷受苦。

你不理财，财不理你。只要去认真理财，普通人一样可以成为有钱人。

三、养成六个理财习惯

一个人在学会努力挣钱后，还要养成良好的理财习惯。这样的习惯可以让我们所拥有的财富在保值的同时可很好地增值，令我们获得固定收入以外的收获，不但可以给我们的生活平添乐趣，还可以让我们的生活更加优越。

（1）按时记录财务情况。只有清楚了解自己的财务状况，才能更好地制订适合自己的理财计划。因此，在开始理财计划之初，详细记录自己的收支状况是十分必要的。

记账是一个好习惯，可以把自家的收入和支出都以书面的形式记下来。我们不仅可以借此衡量出自己所处的经济位置，确定自己理财计划的基础和目标，还可以对照账本，看看有什么钱是该花的，有什么钱是不该花的，从而有效地减少不合理的花销，改变理财行为。为此，我们买东西时可以保留发票。

（2）明确价值观和经济目标。如今理财市场上的产品和渠道多种多样，如果不能明确自己的价值观和经济目标，很容易人云亦云，盲目跟风，难以经营属于自己的理财计划。

（3）确定净资产。习惯一旦坚持好，财务记录做好了，算出净资产会很容易。清楚你每年的净资产，你才会知道自己又朝目标前进了多少。

（4）了解收入及花销。不少人到钱包空空都不清楚自己的钱是怎么花掉的，更有甚者甚至不清楚自己到底有多少收入。这样，当然就很难制定预算，也无法合理安排钱财，在财务支出上做出合理调整。

（5）制定预算，并参照实施。财富并不是指挣了多少，而是指还有多少。

做预算看似枯燥、烦琐，但是通过预算可以在日常花费的点滴中发现到大笔款项的去向。一份具体的预算，对实现理财目标很有好处。

（6）削减开销。很多初学理财的人都抱怨自己没钱，拿不出更多的钱去投资，无法实现其经济目标。其实目标并不是依靠大笔的投入才能实现。削减日常开支，节省每一分钱，即使很小数目的投资，也可能会带来不小的财富。

已经辞世的香港华懋集团主席龚如心女士曾是亚洲女子首富，被英国媒体称为"财富5倍于英国女皇的女人"，身价达400亿港元。但是她的日常生活却非常节俭，每月生活开支不足3000港元。她坐着极为普通的轿车，吃着极为普通的饭菜，外出办事经常吃肯德基和麦当劳等快餐。据说，在餐馆用餐时，她绝不浪费，一定要把吃剩的饭菜打包带回家。

"家有千金之玉不知治，犹之贫也。"很多人知道理财重要，然而现实生活中，大部分人只是把投资理财的话题挂在嘴边，真正付之于行动的人少之又少。你不理财，财不理你，我们唯有善于理财，才能走进财富的礼堂，获得富足的生活。

规避家庭投资风险

投资理财是财富增值的有效方法，但是在投资理财时我们还会面临风险，使我们的财富受到损失，家庭投资理财也如此。投资风险是指对未来投资收益的不确定性，在投资中可能会遭受收益损失甚至本金损失的风险。投资风险主要来自市场方面、政策方面、技术方面、管理方面和人才方面以及外部环境等带来的特殊风险等。

所以，我们应该对投资风险有一个全面的了解，只有充分了解风险才能更好防范风险的发生，使理财之舟顺利靠岸。

一、风险的分类

（1）投资金额损失的风险。投资金额损失是指投资时所投入的本金的数额因为市场变化或经营不善而导致本金的损失。

（2）货币量变动风险。货币量变动风险指由于通货膨胀，而使货币购买力下降，即使得到了预期收益额，也不能购买投资前相同数额的物品。

（3）投资机会风险。投资机会风险指受投资时间影响，而使收益受损。比如购买股票的时间与卖出时间很有技巧，购买不当，遭遇崩盘或者应当出售时，却没有适时抛售，也会使投资受到损失。

（4）流动性风险。流动性风险指投资无法在需要时变换为现金。如房地产、一般收藏品等理财产品，通常需要几年时间才能变现，流动性较差。如急需用钱，可能会低于实际价格而使其变现，使投资利益受到损失。

（5）银行利率风险。银行利率风险是指银行利息率上涨或下降，会使存款额受到影响。这主要影响以银行存款为主的人群，银行利息的下降会使这些人的应得金额减少。

（6）管理风险。管理风险指为投资品所投入的时间和精力。比如投资商铺需要对其进行装修、招租、签约、收租等，这些都需要投入一定的时间和精力。

二、投资理财产品的风险状况

投资者在投资之前一定要先了解投资风险，然后再做决策。当前投资理财市场上的主要产品，可以按照风险的高低大致分为四类：

（1）高风险级别投资产品。高风险类投资产品主要包括股票、期权、黄金、艺术品等市场价格可能大幅波动的投资领域。由于这些领域的高风险特征，投资者要想在这些领域有所收获，就需要有大量的专业知识、丰富的投资经验和快速的反应和决策力以及高度的风险适应能力。

（2）中度风险级别投资理财产品。该级别的投资理财产品包括信托类产品和股票型基金等。信托类产品是由信托公司面向投资者募集资金，提供专家理财、独立管理，投资者自担风险的投资产品。做这类产品的投资要充分了解募集资金的投资方向，调查它的还款来源是否明确，以及担保措施是否到位，同时还要了解该信托公司的以往信誉和在投资者中的口碑等。

股票型基金，是由基金公司募集资金，按照既定的投资策略进行股票投资，以期获得较高收益的一类产品。由于股票型基金是在股市进行投资，因此风险也相对较高，本金有可能亏损。

（3）较低风险级别投资理财产品。此类投资具有低风险低收益的特点，主要包括各种货币型基金或债券型基金，这类资金主要用于投资货币市场和债券市场。

（4）低风险级别投资理财产品。低风险类投资工具主要是指银行储蓄和国债，由于有银行信用和国家信用做保证，风险几乎可以忽略不计。但是收益率也相应很低。投资者一般情况下储蓄或投资国债是为了保持适量的流动资金，用于满足日常生活需要、等待时机购买高收益的理财产品和应对生活急用。

三、减少家庭理财风险

收益与风险同在，这是投资理财的一般规律。家庭理财如何尽可能地减少风险、降低损失，使有限的资金投入获得最大的收益，这是大多数家庭都非常关注的问题。这里介绍几种减少家庭理财风险的方法：

（1）科学制订计划。现阶段对于一般家庭来说，制订理财计划不外乎三种：短期计划、中期计划和长期计划。短期计划是指日常生活即衣食住行的计划；中期计划是指物质消费和精神享受的计划，包括购置家居用品、外出旅游等；长期计划则是指未来养老、防治意外疾病等方面的计划。理财专家建议：这三者比较合理的比例为，短期计划一般占家庭收入的60%左右，中期计划占25%~30%，长期计划占10%~15%。

（2）做好投资组合。家庭投资理财一定要根据自身的风险承受能力，千万不要"将所有的鸡蛋放在同一个篮子里"，而要有计划地分散投资标的，做好投资组合。从目前情况看，一个理想的家庭投资组合，是把资金分别投资在股票、基金或债券、储蓄、保险和其他项目上，通常比例为：40%银行储蓄、30%购买基金或债券、10%选购股票、10%购买保险、10%用于其他投资。在这一投资组合中，由于几种投资项目的收益和风险是不可能齐涨共跌的，这样会使得风险在几种投资间的涨跌作用下而相互抵消，从而维持较高的投资收益。

（3）抛弃从众心理。多数家庭在理财中存有从众心理，见大家都炒股，不管自己对股票是否了解，也跟着炒了起来，结果可想而知。其实理财是一件颇费脑筋的事情，不能盲目跟风，要学会在复杂情况下分析事物、正确决策，结合自身的实际情况进行科学理财，这样才能达到事半功倍之成效。

（4）切忌投机冒险。每个家庭的风险承受能力都是有限的，这就要求我们在家庭理财中，坚持相对稳健的原则，尽可能地在保本理财的基础上，再适当进行一些有风险但收益相对较高的投机理财，而不能置安全稳妥于不顾，一味地追求那些高风险、高收益的理财品种。

（5）善于长期投资。在家庭理财的诸多方式中，长期投资看似风险较大，

2. 适应理财角色变化

与婚前理财各自为政不同，结婚之后，新人们可以根据各自的特点做出理财分工。理财专家建议，相对理性的丈夫更适合从"开源"角度进行投资，而细致的妻子更适合精打细算进行"节流"。

婚姻是两个独立的经济个体的合并，可以预期的是婚后的花费将远远低于两个单身人士的花费之和，也就是说"1 + 1"的结果将小于2。不单单是住房成本，其余的一些日常生活费用都会比以往单身生活中的费用要低。新婚家庭的经济基础一般都不强，所以不要超越经济承受力，讲排场、冲动消费。要避免买不必要的物品，在遇到对方提出不必要的购物提议或要求时，不妨坦陈自己的意见和理由。

3. 主动改变理财习惯

结婚前，原本单身贵族生活支出较为自由，一些人甚至少有理财习惯。结婚后，新人们要主动建立起一些理财习惯。设立记账本是新婚夫妇常用的理财方式，通过这种方法能够了解每月的开支，使双方都对家庭的经济情况有一定的了解，增加家庭财政情况的透明度，做到胸中有数，合理用钱。夫妻双方可以同时不断提高自身的投资理财水平，使家庭的有限的资金发挥出更大的效益，以共同努力建设一个美满幸福的家庭。此外，新婚夫妇谁来记账、谁来管钱，要在共同生活的最初达成共识，以免日后因为财务问题而影响家庭和睦。

4. 确定长期理财目标

一般而言，偿还购买住房的贷款，是新婚族首要的理财目标。理财师建议要从自身的财务状况出发，量力购买，每月还款负担不要过重或占收入比例过高。同时，保险计划和赡养父母的计划也应该被考虑在内，长期坚持定期定额储蓄和投资，理财师建立，基金定投是一个很好的选择。

理财专家建议，新婚族应准备家庭紧急备用金，以应付失业或收入减少、紧急医疗或特殊事故。手头备有一两张银行信用卡，可以获得短期的免息贷款。

5. 及早计划家庭未来

对于刚建立家庭的年轻夫妇来讲，有许多目标需要去实现，如养育子女、购买住房、添置家用设备等，同时还有可能出现预料之外的事情，也要花费钱财。因此，夫妻双方要对未来进行周密的考虑，及早作出长远计划，制定具体的收支安排，做到有计划地消费，量入为出，做到每年有一定的节余。

王小姐 28 岁，月收入平均 3000 元。老公 29 岁，月收入平均 4000 元，年终奖金近 1 万元。两人没有孩子，但由于花钱无节制，每月经常入不敷出。每月的基本开销：交通、通信费每月 1300 元；水电煤气费 200 元；餐费 2000 元；宽带与固定电话费 120 元；服装和娱乐方面的开销大约 2000 元；每月朋友聚会随礼等花费 1000 元。夫妻俩想要个孩子，可是有了孩子就需要大笔开支，因此先打算攒些钱。

（1）理财建议：王小姐家最大的问题就是结余过低，导致储蓄额度过少。因此，王小姐家庭首要的理财方式就是节流。综观刘小姐家庭的每月花销，可以发现很多花销明显偏高，有些花销可以避免。

（2）节流规划：每月 1300 元的交通费、通信费明显偏高，可以选择乘坐公共交通工具；每月餐费 2000 元偏高，对王小姐家庭来说，提倡在家就餐，每周一两次的外出就餐足矣；服装和娱乐方面的开销可以大大降低。建议王小姐家庭的月支出应该控制在 3700 元以内，这样月结余比率可以提高至 53%左右，基本生活品质仍然可以维持。

为了更好地维持现有生活品质，王小姐家庭应该进行适当的现金储备，用来应对家庭日常生活的开销，以及意外保障支出。建议王小姐家庭储备 15000 元的现金额度，从每月结余中进行提取。

15000 元的现金中，第一部分，3000 元以活期存款的形式存在，用于日常生活的应急金；第二部分，7000 元以定期存款的形式存在，期限选择 1 年期和 3 年期，其中一年期可以采用 12 张存单法，每个月存入 580 元，一共存 12 个月；第三部分，5000 元用来购买货币市场基金。

做好现金储备后，可以把每月的结余资金用来进行投资，每月投入固定的金额，选择适当的基金产品，也就是时下比较流行的基金定投。建议选择指数型的基金进行定投，同时，辅助选择偏债型基金，进行适当的风险分散。

对于新婚的 "80 后" 一族来说，做好新婚理财是幸福生活的开始，所以，一定要在婚姻开始阶段就养成理财的好习惯。

新时代女性的理财胜经

"有时间赚钱，没时间打理" 已经成为现代女性的通病，忙忙碌碌一整年，却因为没抽出时间关心一下自己拥有的财富，让辛辛苦苦赚来的钱从手边悄悄溜走。

新《婚姻法》对财产尤其是房产的归属做出了明确区分之后，有媒体报道一女性为自己投保 9000 万元，其中 6000 万元为人寿险，3000 万元为分红险。承保此保单的保险公司相关人士透露，该女性之所以大手笔买保险，与新《婚姻法》司法解释有关。

部分无财产保障的女性显得忧心忡忡，全职太太更是动起了为自己做足风险保障的脑筋，例如购买足额的重大疾病保险、分红型、意外伤害保险等，一旦婚姻出现变故，可确保生活水平不至于大幅下滑。这种做法之所以能够防风险，在于保险不属于夫妻共同财产，即便离婚，保险收益也将属于个人所有。

长沙首届"十大金牌理财师"得主之一、长沙银行理财师易科认为，不论《婚姻法》如何修改，女性都应当有意识地规划自己的生活，适当充电理财知识是科学经营婚姻的必要方式。

一、女性理财的优势与劣势

1. 优势

（1）女性较男性更加严谨。在多数家庭中，都是由女性负责家庭财务，精打细算，每每量入为出，使家庭不会出现赤字，有一定数额的应急金，以备不时之需。

（2）女性较男性更加细致。女性通常会考虑到生活方方面面的支出和需求，因此，她们看得更远，也更能认识到控制眼前消费开支对家庭未来的重要性。

（3）女性较男性更加稳健。数据显示男性与女性投资认股权证的比例是二比一，可见男性较喜欢冒险。相比之下，女人比男人做事更谨慎、更稳健，这样造成亏本的概率较小。

2. 劣势

（1）对自己没有信心，缺乏专业知识。投资理财要看统计数字、总体及个体经济分析，然后做综合的研判。多数女性对这类知识没有兴趣，而且不认为自己有能力可以做好，总认为投资理财是一件很难的事，非自己能力所及。

（2）没有时间，懒得花心思。一般女性上班时是个称职的职业妇女，下班后是个全能的太太、妈妈和管家，这些事做完已经有些体力透支，自然无暇研究需要聚精会神做功课的投资大计。这是大多数人的通病，今天懒得动，明天懒得想，时间就这样消耗掉了。

（3）耳根子软，优柔寡断。一些女性在投资时非常没有自信，又对复杂的研究避之唯恐不及，所以投资时显得没有主见。患得患失让本来就信心不足的女性更加裹足不前，买了怀疑是否买得对，卖了又怕卖错了。

（4）视野较为局限。投资需要宏观广阔的视野，当家理财也是这样。有的女性把储蓄当作理财，过分注重资金的安全；有的女性过多地在同类产品中比较，容易被产品的表象所吸引，不太会关注产品的运作和专业知识。她们比较强调结果和没有规律的适时观察，这样容易产生对市场的误判，有时不太理智。

二、女性理财的误区

有统计表明，家庭理财的主角 68% 是女性。但其中 70% 的女性是家庭存折、信用卡、票据的"保管员"，这样的"特殊身份"决定了女性必须具有一定的"财商"才能把家庭资产打理得井井有条。然而在现实中女性却易在投资理财方面走入一些误区：

（1）能挣钱不如嫁个好老公。许多女性往往把自己的未来寄托于找个有钱老公，凡事都依赖老公，认为养家是男人天经地义的事情，自己只要管好家就行了。长此以往，必然会受制于人，女性在家里的"半边天"地位也就会发生动摇。作为现代女性，应当不断为自己充电、掌握理财和生存技能，自尊自强，在立业持家上展现现代女性的风采。

（2）家财求稳不看收益。受传统观念影响，大多数女性不喜欢冒险，她们的理财渠道多以银行储蓄为主。这种理财方式虽然相对稳妥，但是现在物价上涨的压力较大，存在银行里的钱很容易大幅"贬值"。所以在新形势下，女性们应更新观念，转变只求稳定不看收益的传统理财观念，积极寻求既相对稳妥、收益又高的多样化投资渠道，比如开放式基金、炒汇、各种债券、集合理财等等，以最大限度地增加家庭的理财收益。

（3）随大溜避免理财损失。许多女性在理财和消费上喜欢随大溜，常常跟随亲朋好友进行相似的投资理财活动。比如，听别人说参加某某集资收益高，便不顾自家的风险抵御能力盲目参加，结果造成了家庭资产流失，影响了生活质量和夫妻感情。

（4）会员卡消费节省开支。女性们对各种会员卡、打折卡可谓情有独钟，几乎每人的包里都能掏出一大把各种各样的卡。许多情况下用卡消费确实会省钱，但有些时候用卡不但不能省钱，还会适得其反。有的商家规定必须消费达到一定金额后才能取得会员资格，如果单单是为了办卡而突击消费的话，就不一定省钱了；有时商家推出一些所谓的"回报会员"优惠活动，实际上也并不一定比其他普通商家省钱；还有一些美容、减肥的会员卡，以超低价吸引你缴足年费，可事后要么服务打了折扣，要么干脆人去楼空，让会员卡变成废纸一张。

（5）女性适合"当家做主"。中国人的传统是"男主外，女主内"，也就是说女人应当掌握家庭的财务大权。不过，从科学理财的角度来说，夫妻双方由于理财观念和掌握的理财知识不同，两人的理财水平肯定会有所差异。所以，不论男女，不论工资收入高低，谁擅长理财，谁就应成为"内当家"。

三、不同年龄段女性的理财胜经

在当今的环境下，对于处在不同年龄层次以及不同人生发展阶段的女性，如何与时俱进，重现自己"首席财务官"的风采呢？

随着年龄的增长，你可以每隔几年就调整激进型理财工具和稳健型理财工具之间的投资比例。追求组合长期增值的女性可将大部分资产配置在股票型基金上，同时配置适中的债券型基金或货币基金来降低组合的波动性。而有中低风险偏好的女性可将大部分资产配置于债券型基金，少量参与股票型或积极配置型基金，不放弃组合增值的机会。

20~30 岁的女性，生活节奏快，进取心强，收入虽然不高，但风险承受力相对较高。投资组合可以较为激进，可考虑按照 5%现金、25%债券型基金、70%股票型基金的比例来配置。

30~40 岁的女性，开始逐渐进入中年，收入虽然更多，但风险承受能力有所减弱。投资组合中可以适当减少高风险资产的比例，可以调整为 5%现金、40%债券型基金、55%股票型基金。

40~60 岁的女性，会更多开始考虑退休计划以及收入保障的需要，投资比例则可以是 5%现金、45%债券型基金、50%股票型基金。

60 岁以上、接近或已经退休的年长女性，不妨重点以投资债券基金为主，股票基金的投资比例最好不要超过 20%。

四、不同年龄的女性理财重点不同

（1）单身贵族合理消费。本年龄段女性大多初入社会，且处于单身生活阶段，易成"月光族"。理财应注重合理消费、适当保障和积极投资。首先，应尽量减少透支消费；其次，应适当购买意外伤害保险；最后，可在专业人士指导下，适当进行激进些的股票投资，建议选择风险相对较低的股票型基金，同时进行基金定期定投，强迫储蓄，为成家立业做准备。

（2）二人世界应合理规划。女性步入二人世界后，就要开始为小家庭打拼，消费习惯也有所改变，应当量入为出，为未来的理财目标做具体规划，如购房、储蓄、保险、投资计划等。

（3）三口之家理性理财。已进入三口之家的女性，兼顾工作和照顾孩子、老人、丈夫等多重责任，子女教育规划、保险规划、退休规划是女性理财不可缺少的内容。在子女教育规划方面，小学教育规划时间较短，应主要投资于风险相对较小的平衡型基金及债券型基金；而大学以上教育，可投资较长期的银行理财产品、分红型保险及股票型基金。

财富是美丽优雅的基础，女人懂得理财才能决定自己的生活质量，只有这样，才能掌控人生。

参考文献

［1］李昊轩. 一本书读懂投资理财学 ［M］. 北京：中国华侨出版社，2010.

［2］［美］罗伯特·清崎，莎伦·莱希特. 富爸爸穷爸爸 ［M］. 海口：南海出版公司，2011.

［3］刘芹. 投资理财常识速查速用大全集 ［M］. 北京：中国法制出版社，2011.

［4］王在全. 一生的理财计划 ［M］. 北京：北京大学出版社，2010.

［5］本杰明·格雷厄姆 . 聪明的投资者 ［M］. 北京：人民邮电出版社，2010.

［6］孙豆豆. 每天学点投资学大全集 ［M］. 上海：立信会计出版社，2011.

［7］罗伯特·D.爱德华兹. 股市趋势技术分析 ［M］. 北京：中国发展出版社，2004.

［8］约翰·墨菲. 金融市场技术分析 ［M］. 北京：地震出版社，2010.

［9］罗伯特·希勒. 非理性繁荣 ［M］. 北京：中国人民大学出版社，2008.

［10］陈江挺. 炒股的智慧 ［M］. 合肥：安徽人民出版社，2010.

［11］李晓波，周峰. 炒股与炒基金实战入门 ［M］. 北京：中国铁道出版社，2010.

［12］加里·格雷，派崔克·J.库萨蒂斯，J.兰朵·伍尔里奇. 股票估值实用指

南［M］.上海：上海财经大学出版社，2009.

［13］吴晓求.证券投资学［M］.北京：中国人民大学出版社，2009.

［14］姜国华.财务报表分析与证券投资［M］.北京：北京大学出版社，2008.

［15］邢冶.股市赚钱你做主：炒股选基金全密码［M］.太原：山西人民出版社，2010.

［16］梅世云.债券赢家［M］.北京：中国金融出版社，2009.

［17］余治国.转型力：企业竞争力的转型策略［M］.北京：中国时代经济出版社，2006.

［18］希尔蒂·里奇尔森，史丹·里奇尔森.债券圣经［M］.北京：当代中国出版社，2008.

［19］李周泳，刘日波.有效的价值投资［M］.哈尔滨：黑龙江教育出版社，2011.

［20］占豪.黄金游戏（5）：智慧赢财富［M］.上海：上海财经大学出版社，2011.

［21］赵正堂.保险风险证券化研究［M］.厦门：厦门大学出版社，2008.

［22］黄祝华，韦耀莹.个人理财［M］.大连：东北财经大学出版社，2010.

［23］杰夫·奥普戴克.富足一生：一个家庭的理财规划［M］.北京：中国发展出版社，2007.

［24］刘彦斌.人人都该买保险［M］.北京：中信出版社，2011.

［25］弗兰克·J.法博齐.债券市场：分析与策略［M］.北京：中国人民大学出版社，2011.

［26］梅世云.债券赢家：个人如何投资债券［M］.北京：中国金融出版社，2009.